张雪峰·峰阅教研团队 ◎ 编著

手把手教你稳就业

张雪峰·峰阅教研团队成员

升学顾问：武 亮

主　　编：腾 威　董自凯

副 主 编：徐澍一　段 岩

本书编写人员：李兆阳　闻韩毅　潘铭希　谢 云

内容编辑：郭懿方　卓云龙

推荐序

"铁饭碗"的概念由来已久且深入人心，一提到"铁饭碗"我们就会自然地联想到诸如教师、医生、考公、考编、央企、国企等字眼。我们这一代人也都经历过"铁饭碗"工作大受追捧的年代，去年大火的电视剧《漫长的季节》里出现的桦钢厂，就唤醒了许多东北人尘封的记忆，引发了广泛的讨论。

其实不光是讨论热度的问题，根据国家公务员局公布的消息，2024年国考计划录用的人数是3.96万人左右，共有261.3万名考生考前进行了报名确认，其中225.2万人实际参加考试，参考率约为86.2%，参加考试人数与计划录用数之比约为57∶1，当下年轻人考公的热情可见一斑。一些热门的企业，例如国家电网，与之相关的电气类专业在各个省份的招录分数也在连年上涨。

诚然，"铁饭碗"是人们对未来的美好期待的写照——家长们想让孩子一辈子安安稳稳吃喝不愁，个人想大展拳脚实现人生抱负。但也要认识到，对任何选择都不能只考虑其光鲜亮丽的一面，体制内的工作有的人适合，有的人不适合，取决于个体的情况和性格。比如公务员，作为人民的公仆，一定是强调奉献精神的；央企和国企稳定是事实，但对心气儿高的人来说，在某种意义上也牺牲了许多可能性。

大家在对就业有美好期待的同时，也要注意自己所了解的信息是否真实、全面、客观。比如，很多人对央企和国企的招聘流程不了解，认为报了名就有考试资格，但事实上报完名，企业还要筛选简历，不符合应聘要求的连简历这一关都过不去。另外，关于编制很重要的一点是，并不是进入央企、国企、事业单位都有编制，有一些岗位实行的是同工同酬但没有编制，就算通过校招入职的也有合同工。各个单位岗位不同，要求不同，编制的情况也不同……以上这些认知偏差都有可能导致大家做出不理性的选择。

为此，我们升学规划团队的老师们编写了这本书，对当下热门的教师、医生、公务员以及热门央企、国企等，从组织架构、招聘要求、薪资待遇等方面做了详尽而客观的梳理，辅以大量真实的数据和案例，希望能在人生的关键十字路口，帮助大家拨开迷雾，做出最适合自己的选择。

其实，无论是考公、考编，还是进入央企、国企，抑或是选择私企、外企，它们更多的只是一种在未来职业方向上的选择。大家一定要建立对"铁饭碗"客观、全面的认知，再进行选择。无论最终做何选择，都请保持一颗积极向上的心，真正的"铁饭碗"不是在一个地方吃一辈子饭，而是一辈子到哪儿都有饭吃，其中最大的变量就是个人层面的认知提升和努力奋斗。

张雪峰

2024年3月6日于苏州

前言

在经济下行、竞争激烈、就业困难的大背景下，考公考编热度持续上升，成为众多年轻人追求稳定发展的重要选择。受"学而优则仕"的传统观念影响，"铁饭碗"从原先父母的要求转变为年轻群体也会主动关注的领域和更现实层面的选择。

在此背景下，本书应运而生，旨在全面解析"铁饭碗"相关职业的发展路径，提供真实可靠的信息，并帮助读者做出明智的决策。我们希望打破信息的壁垒，为读者提供更多更全面的信息，以及更专业的规划建议。

本书针对的读者群体广泛，包括高中生、家长、大学生、职场人士等。无论你是处在人生探索期的高中生，还是对孩子的未来规划深感焦虑的家长，又或是马上面临人生方向抉择的大学生，再或是考虑更多发展可能的职场人士，我们都希望通过本书，帮助你做出最适合自己的决策。

在编写过程中，我们充分考虑到不同受众的需求和认知局限性，通过深入剖析当前的就业形势和"铁饭碗"受欢迎的原因，有针对性地提供了全面而详尽的职业规划建议。我们希望通过本书，帮助读者更好地理解"铁饭碗"职业的发展路径，明确自己的发展方向，制定出适合自己的备考策略。

我们的编写团队是由一批经验丰富、视野广阔的升学规划专家组成的。

作为升学规划行业的领军者，我们获取了大量一线家长和考生最真实的需求。得益于平台优势和完善的培训体系，我们深入调研了国家公务员局、高校招生就业处以及企业管理层人力资源的相关需求信息，并参考了大量的真实案例和翔实数据，希望通过我们的专业知识和经验，读者能获得最有价值的建议。

我们力求用通俗易懂、简洁明了的语言解释复杂的政策公告和规划建议，帮助读者轻松理解并应用"铁饭碗"职业规划的相关知识。我们注重选取与生活密切相关的行业和真实案例，拉近读者和相关行业的距离。我们深入剖析了家长最关心的问题，通过大数据分析、官方渠道的信息以及行业与专业的联系，为读者呈现最全面、最真实的"铁饭碗"职业发展情况，帮助读者做出明智的决策。

本书从多个角度对"铁饭碗"职业规划进行了深入剖析，包括报考条件、报名流程、考试内容、薪酬待遇、组织架构等；同时，结合真实案例和数据，对不同行业的就业前景和发展趋势进行了详细分析。通过这些内容，读者可以更加全面地了解"铁饭碗"职业规划的相关信息，明确自己的发展方向，制定出适合自己的备考策略。我们相信，通过我们的努力和专业性，本书将成为你在"铁饭碗"职业规划过程中的得力助手。

目录
CONTENTS

第一章　教师
年休假超百天的园丁

导言·002

教师编制类型：都是当老师，这些有什么区别·004

成为一名教师的途径·007

普通应届生如何报考教师编·019

教师编收入情况·021

总结·027

第二章　医生
救死扶伤，生命所系

导言·030

入学前就预定工作去向的专业：提前批次——公费定向医学生·031

学医疑虑——可能让你放弃学医的理由·032

成为一名合格医生需要准备的证书·034

非法行医——异地行医·040

如何成为医院的一名医生·041

医学生的多元未来——医疗领域的多种职业·052

原卫生部直属高校·063

总结·068

第三章　部队
钢铁意志保家国

导言·072

关于军籍·073

工作强度·076

服役区域不同带来的差异·077

从服役时间来看，怎么选择兵种·080

军校毕业后的就业安置——学生毕业后部队会怎么安排·081

报考军校（27所）——孩子可以报名哪些学校·082

报名方式·084

第四章　警察
栉风沐雨百姓倚

导言·092

成为警察的途径·093

公安/司法联考——进警校就能当警察吗·096

部属警校与省属警校的区别·101

各警种之间的区别·102

警校报名方式·103

哪些情况可能导致无法通过政审·105

体检、体测·107

第五章　公务员
万里挑一的人民公仆

导言·110

"铁饭碗"到底香不香·111

国考和省考有何区别·114

如何才能捧起"铁饭碗"·116

选调生——竞争更少、要求更高的公务员·129

原来公务员还有这样的要求·131

大学四年应该怎么规划·134

总结·136

第六章　事业编
公务员的"平替之选"

导言·138

事业编制·139

事业单位·142

考试相关·148

事业单位考试与公务员考试有何区别·157

获取考试信息与备考渠道·158

总结·158

第七章　国企系列
银行系统

导言·162

机构设置·163

招聘岗位·164

招聘要求·168

常见问题·174

总结·175

第八章　国企系列
电网系统

导言·178

国家电网·179

南方电网·188

第九章　国企系列
石油系统

导言·194

企业介绍·195

岗位对口专业介绍·197

人才招聘·199

常见问题·202

总结·203

第十章　国企系列
铁路系统

导言·206

什么是铁路系统·207

铁路系统的主要部门及岗位·212

进入铁路部门的优势专业及院校·217

铁路部门的招聘需求·219

常见问题·221

总结·223

第十一章　国企系列
邮政系统

导言·226

企业介绍·227

岗位、专业介绍·229

人才招聘（以邮政银行为例）·232

常见问题·234

总结·235

第十二章　国企系列
航天军工系统

导言·238

公司简介·239

公司架构·240

岗位介绍·242

招聘形式与专业（以中国航天科技集团有限公司为例）·244

岗位薪资·247

总结·247

第十三章　国企系列
船舶系统

导言·250

船舶系统简介·251

院校和专业选择·253

部分船舶企业的招聘需求·261

常见问题·266

总结·268

第十四章　国企系列
民航公司

导言·270

民用航空公司简介·271

组织架构·271

招聘相关·273

薪资待遇·275

总结·276

第十五章　国企系列
中国烟草

导言·278

行业背景·279

组织架构·279

薪资福利·282

招聘相关·283

专业及院校选择·289

总结·296

第一章 教师
年休假超百天的园丁

导言

教师是生活中常见的职业，每个人都离不开年少时期学校的教育。很多家长会希望孩子当一名教师，因为其中的优势显而易见。

首先，教师的工资虽不算高，但是相对稳定，并且收入会随着职称的不断提升而逐渐增加。其次，在五险一金和年终奖方面，教师岗位享受较高的社会保险和住房公积金缴存比例，年底还会有绩效年终奖金。最后，带薪休长假的"特权"是令其他职业都羡慕不已的，每年的寒暑假，教师可以充分利用这段时间发展自身的兴趣爱好，同时也能拥有更多与家人共处的时间。

此外，还有很多隐形优势，比如：

·规律的工作时间——教师有着固定的工作时间，工作节奏规律，这有助于保持身体健康，同时也能享受稳定的生活。

·简单的工作交际——教师每天与学生打交道，人际关系比较简单，从学生身上充分感受到蓬勃的朝气，有利于保持心态年轻化。

·强烈的工作成就感——教师是育人的工程师，通过教育传承千年文化成果，其间的付出能够在学生身上得到生动的反馈，学生的进步成果能够给教师带来极大的自豪感。

·持续的自我提升——教师的工作性质要求其不断实现自我提升，贯彻终身教育理念，在实际教学过程中不断成长，使自身思想与时代始终保持同步。

·足够的社会地位——教师完全可以称得上一份体面的工作，特别是对女性教师而言，教师这一身份能够更加吸引他人的关注。比如，在相亲市场上，女教师的地位是很高的，受欢迎程度与公务员相当。

诸如此类无法量化但又着实羡煞旁人的优势还有很多。

从这些维度来看，教师这一职业的确是非常好的选择，但为什么又会有人对这个职业抱怨连连、褒贬不一呢？

2021年教育部新闻发布会上的统计数据显示，我国教师总数已经达到1792.97万人，比上年增加60.94万人，增长3.52%。其中，特教教师增加6.11%，幼儿园教师增加5.44%，高校教师增加5.34%。自2021年以来，共有191万人次通过认定获得教师资格证书，较2020年全年增长28.7%。如此庞大的群体，必然存在显著的个体差异，而且教师编作为事业编中的一个大的分支，如今的岗位类型、学段划分、工作内容又十分多样。因此，大家在寻找理想的教师岗位时，可能会产生诸多疑问：

在如此繁多的教师岗位类型选择中，传统编制、备案制、年金制、合同制、编外教师……有什么区别？幼师、小学教师、初中教师、高中教师、职校教师、大学教师、辅导员分别有什么优劣势？一线城市、新一线城市和二、三、四线城市，教师的待遇高低是怎么分层的？同一个城市，市直属的教师和乡镇教师又该怎么选？下文将围绕这些问题详细讲解。

教师编制类型：都是当老师，这些有什么区别

编制教师

编制教师是指拥有事业编制的在编教师，在编教师人员信息会被录入国家教育系统，是正式的国家工作人员。一经考入，工作稳定，不容易调动。编制教师享受各种应有的津贴、福利和奖金。

编制教师的具体优势有哪些呢？

第一，教师的编制属于全额拨款事业单位编制，享受事业单位工作待遇。

第二，有编制的教师工资由基本工资、津贴、补贴、职称工资等组成。职称工资即与职称挂钩，工龄工资亦然。许多公立学校的无编制人员的工资通常固定，在职称晋升和工龄累计方面一般无法保证，近年来虽然几经改革，但在实际中仍然与在编教师存在很大差异。

第三，有编制的教师工作更有保障、更加稳定，存在调动机会，退休后也享有相应的社保福利和职业年金[1]。

---

[1] 职业年金指机关事业单位及其工作人员在参加机关事业单位基本养老保险的基础上，建立的补充养老保险制度。

备案制教师

备案制教师为非事业编制人员，用人单位招用依法形成劳动关系的职工，被录用人员与用人单位签订劳动合同，实行合同管理。需要在登记注册地的县级以上劳动保障行政部门办理劳动用工备案手续。

备案制教师与在编教师的待遇正趋于一致。

教师备案制是在符合国家法律制度的情况下，聘任双方在平等自愿的前提下，由学校或者教育行政部门根据教育教学岗位设置，聘请有教师资质或教学经验的人担任相应教师职务的一项教师任用制度。教师备案制的最大特点在于人员不再被纳入编制管理。根据2016年人社部官方解释，所谓"不纳入编制管理"，即取消事业单位编制，但保留事业单位性质。

之所以要保留事业单位性质，主要是考虑到高校、公立医院的公益属性，不能将之完全推向市场化，仍要由财政进行差额拨款。

编制和备案制在招聘上的区别主要有：

· 备案制比编制的报名门槛低，编制的学历要求往往是全日制且至少本科及以上；而对备案制来说，全日制大专甚至函授本科也是可以的。

· 备案制比编制的招聘名额更多，机会也更大。

年金制（专项编制）教师

年金制教师又指专项编制教师，是指公办中小学因教育教学需要，由区教育局统一招聘、不纳入事业编制管理、实行劳动合同管理的教师，在职期间薪资报酬、住房公积金等参照事业单位同类在编人员执行。部分地区年金制教师的到手工资会比编制教师高一些，但退休金会低一些，总体待遇相差不大。

合同制（聘任制）教师

这是一种采用聘用制形式的短期性教师岗位，有两种叫法：一种是合同制，另一种是聘任制。合同制教师也是参照编制教师的工资标准发放工资的，其中五险一金按照企业保险缴纳，而非事业单位保险，不过有些地区缴纳基数较高。目前，编制教师和合同制教师最大的差距主要在退休后的养老金领取额度方面。合同制教师也是相对稳定的，一般合同签订期限不等。合同制教师与学校之间的工作合同到期后，学校与教师都有权选择是否续约。

编外教师

编外教师是政府教育系统在财政拨款以外聘用的教师。编外教师就是顶岗教师、临时教师，在单位里没有这部分教师的"户口"。不只是教师岗位存在编外群体，科、教、文、卫四大公共服务系统都有着大量编外人员。虽然从表面上看，编外教师能正常享受各方面的待遇，但是如果学校要裁员的话，编外教师必定首当其冲。

各类编制教师的差异对比

类型	岗位性质	薪资	五险一金	晋升和职称	退休后
编制教师	全额拨款事业编	事业单位编制标准	事业单位编制标准	事业单位编制标准	事业单位编制标准
备案制教师	非事业编制	参照事业编制标准	按企业保险缴纳	参照事业编制标准	待遇较低
年金制教师	非事业编制	参照事业编制标准	按企业保险缴纳	参照事业编制标准	待遇较低
合同制教师	非事业编制	参照事业编制标准	按企业保险缴纳	参照事业编制标准	待遇较低
编外教师	非事业编制	参照事业编制标准	按企业保险缴纳	参照事业编制标准	待遇较低

成为一名教师的途径

公费师范生

公费师范生源于师范生公费教育政策，是指由中央财政负责安排该类学生在校期间的学费、住宿费，并发放生活补贴，但学生四年毕业以后必须到指定的中小学任教。

1. 报考条件

公费师范生安排提前批次录取，凡是达到以下三条标准的毕业生都可以自愿报考：

第一，参加普通高等学校招生全国统一考试，达到部属师大在本地区的录取分数线；

第二，符合教育部《普通高等学校招生工作规定》，热爱教育事业，毕业后愿意长期从教；

第三，身体健康，符合《普通高等学校招生体检工作指导意见》的有关规定。

2. 培养方式

从 2007 年起，国务院决定依托北京师范大学、华东师范大学、东北师范大学等 6 所教育部直属师范大学实施师范生公费教育试点。2018 年 1 月，《中共中央国务院关于全面深化新时代教师队伍建设改革的意见》明确提出"完善教育部直属师范大学师范生公费教育政策，履约任教服务期调整为 6 年"。

除国家公费师范生外，考取地方公费师范生也是成为教师的重要途径，地方公费师范生主要由省属院校进行招生，各地院校根据人才需求分别有相应招生政策，二者的区别在下文中具体分析。

优师计划

2021 年国家启动了《中西部欠发达地区优秀教师定向培养计划》，简称"优师计划"。由教育部直属师范大学与地方师范院校采取定向方式，每年为 832 个脱贫县和中西部陆地边境县中小学校培养 1 万名左右师范生。

1. 目标任务[1]

教育部有关负责人就《中西部欠发达地区优秀教师定向培养计划》答记者问中答道：依托部属师范大学与高水平地方师范院校，采取定向方式，从2021年起，每年为832个脱贫县（原集中连片特困地区县、国家扶贫开发工作重点县）和中西部陆地边境县中小学校培养1万名左右本科层次师范生，培养造就一批有理想信念、有道德情操、有扎实学识、有仁爱之心的"四有"好老师。这批师范生，既是立足当前，实现巩固教育脱贫攻坚成果与乡村振兴有效衔接的生力军，又是面向未来，扎根基层办好中国特色、世界水平的社会主义教育的先遣队。他们将与现在中西部欠发达地区教书育人一线的广大教师一起，巩固教育脱贫攻坚成果，推动教育优质均衡发展，实现乡村教育振兴。

2. 就业服务[2]

以北京师范大学"优师计划"为例，定向就业师范毕业生须履行《优师计划定向就业师范生协议书》约定的义务，经双向选择，由省级教育行政主管部门安排至生源省份定向县县域中小学任教，入编入岗，任教服务不少于6年。

服务期内，可申请参加北京师范大学举办的基础教育教师在职培训项目，共享北京师范大学精品课程、在线教育资源等优质教育教学资源，获得学科教育专家团队的业务指导，并有机会参与学校面向基础教育一线的教育教学改革研究和教学改革实践等职后培养与培训活动。

毕业后未按规定履约的，按照《优师计划定向就业师范生协议书》约定承担相应的违约责任。

---

[1] 来源于中华人民共和国教育部官网。
[2] 来源于北京师范大学本科招生网。

国家与地方公费师范生的不同

1. 国家公费师范生（优师计划）

国家公费师范生由部属6所师范大学培养，毕业后一般回生源所在省份中小学任教（不限定城镇或农村）。公费师范生通过双向选择落实任教学校，至少服务6年，到城镇学校工作的学生也应到农村学校服务至少1年。公费师范生在服务期内不得报考全日制研究生，但可以向本科就读大学申请免试攻读非全日制硕士研究生。

教育部直属的6所师范大学为北京师范大学（北京）、华东师范大学（上海）、东北师范大学（长春）、华中师范大学（武汉）、陕西师范大学（西安）、西南大学（重庆）。

2. 地方公费师范生（以河北为例）

（1）省级公费师范生（省财政承担费用）[1]

为河北省有需求计划的县（市、区）公费培养中小学教师，由河北师范大学承担，毕业后由相关签约县（市、区）人民政府落实工作岗位，确保其有编有岗，在签约县（区）及以下（含县城）从事中小学教育工作6年以上。

（2）市级公费师范生（市财政或县财政承担费用）[2]

主要培养小学教师，由市财政承担费用（或有公费师范生需求的区、县财政承担）。廊坊师范学院、沧州师范学院、衡水学院、河北民族师范学院的公费师范生主要培养农村小学全科教师，毕业后在乡镇小学或教学

---

[1] 来源于河北省教育厅于2023年6月2日发布的《河北省教育厅关于2023年中小学教师公费培养工作的通知》。
[2] 来源于各学院官网。

点从事小学教育。

石家庄学院的公费师范生费用由培养计划县财政承担，毕业后回签约县以下（含县城）从事小学教育、特殊教育。

简言之，国家公费师范生可到市区中小学工作，省级公费师范生可到县城中小学工作，石家庄学院的地方公费师范生可到县城工作，其他师范学院的地方公费师范生主要到乡镇小学工作。

国家部属公费师范生招收细节

1. 招生范围（以2023年为例）

北京师范大学：面向山东、重庆、湖南、湖北、广东、福建、安徽、甘肃、广西、贵州、河南、黑龙江、江西、内蒙古、宁夏、青海、山西、四川、西藏、新疆、云南21个省份招收本科定向就业师范生。

东北师范大学、华中师范大学、陕西师范大学、西南大学：除上述21个省份外，还面向吉林进行招生。

华东师范大学：面向部分定向县所在省份，招收一批志存高远、乐教适教的优秀高中毕业生，定向培养，毕业后到该省定向县县域中小学校就业。具体招生计划以各省级招生管理部门公布的计划为准。

2. 报名条件（以2023年为例）[1]

第一，符合2023年全国普通高等学校招生全国统一考试报名条件。

第二，理想信念坚定，思想品德优良；遵纪守法，诚实守信；热爱教育事业，立志长期从教。

---

[1]　来源于北京师范大学本科招生网。

第三，接受《师范生免费教育协议》和招生简章规定的权利和义务。

3. 各校招生计划与最低录取分数

（1）北京师范大学（以广东为例）[1]

类别	首选科目要求	专业	2023年计划数	2022年最低分
公费师范生	物理	特殊教育	2	
公费师范生	物理	计算机科学与技术	7	
公费师范生	物理	心理学	5	
公费师范生	物理	数学与应用数学	41	618
公费师范生	物理	物理学	27	618
公费师范生	物理	英语	18	619
公费师范生	物理	化学	15	616
公费师范生	物理	生物科学	11	616
公费师范生	物理	地理科学	20	615
公费师范生	历史	汉语言文学	36	597
公费师范生	历史	英语	7	597
公费师范生	历史	历史学	9	595
公费师范生	历史	思想政治教育	32	593
公费师范生	体育类	体育教育	9	

---

[1] 来源于北京师范大学本科招生网。

（2）华东师范大学（以上海为例）[1]

类别	专业组	专业	2023年计划数	2022年最低分
公费师范生	不限	汉语言文学	10	575
公费师范生	不限	英语	12	573
公费师范生	不限	历史学	4	574
公费师范生	不限	学前教育	10	563
公费师范生	不限	特殊教育	10	562
公费师范生	政治	思想政治教育	5	574
公费师范生	物理	数学与应用数学	20	571
公费师范生	物理	物理学	9	569
公费师范生	物理或化学	化学	10	573
公费师范生	物理或化学	生物科学	8	572
公费师范生	物理或化学	地理科学	7	571
公费师范生		美术学（美教）	6	
公费师范生		音乐学（音教）	4	414.4875
公费师范生		体育教育	20	560.0472

（3）东北师范大学（以吉林为例）[2]

类别	科类	专业	2023年计划数	2022年最低分
公费师范生	理科	地理科学	4	582
公费师范生	理科	化学	5	586
公费师范生	理科	教育技术学	2	
公费师范生	理科	生物科学	7	583
公费师范生	理科	数学与应用数学	7	594
公费师范生	理科	物理学	7	586
公费师范生	理科	心理学	3	584
公费师范生	理科	英语	2	586
公费师范生	文科	汉语言文学	12	564
公费师范生	文科	历史学	8	561

---

[1] 来源于华东师范大学本科招生网。
[2] 来源于东北师范大学本科招生网。

续表

类别	科类	专业	2023年计划数	2022年最低分
公费师范生	文科	思想政治教育	6	559
公费师范生	文科	英语	2	583
优师专项	理科	地理科学	1	566
优师专项	理科	化学	2	568
优师专项	理科	生物科学	1	571
优师专项	理科	数学与应用数学	4	572
优师专项	理科	物理学	2	570
优师专项	理科	英语	1	568
优师专项	文科	汉语言文学	4	544
优师专项	文科	历史学	2	546
优师专项	文科	思想政治教育	2	544
优师专项	文科	英语	1	562

（4）华中师范大学（以湖北为例）[1]

类别	科类	专业	2023年计划数	2022年最低分
公费师范生	物理类	地理科学	6	595
公费师范生	历史类	地理科学	7	596
公费师范生	历史类	汉语言文学	12	599
公费师范生	物理类	化学	8	603
公费师范生	物理类	教育技术学	12	601
公费师范生	物理类	科学教育	4	630
公费师范生	历史类	历史学	10	598
公费师范生	物理类	生物科学	16	604
公费师范生	物理类	数学与应用数学	15	610
公费师范生	历史类	思想政治教育	3	608
公费师范生	物理类	特殊教育	2	602
公费师范生	历史类	特殊教育	1	597
公费师范生	体育	体育教育	15	599.25
公费师范生	物理类	物理学	10	605
公费师范生	物理类	心理学	5	601
公费师范生	物理类	学前教育	4	602

[1] 来源于华中师范大学本科招生网。

续表

类别	科类	专业	2023年计划数	2022年最低分
公费师范生	历史类	学前教育	4	598
公费师范生	物理类	英语	2	612
公费师范生	历史类	英语	3	601
公费师范生	艺术	美术学	17	706
公费师范生	艺术	音乐学	20	717.64
优师专项	历史类	汉语言文学	2	590
优师专项	历史类	历史学	1	592
优师专项	物理类	数学与应用数学	4	594
优师专项	物理类	物理学	1	593
优师专项	物理类	英语	2	594
优师专项	历史类	英语	2	590

（5）陕西师范大学（以陕西为例）[1]

类别	科类	专业	2023年计划数	2022年最低分
公费师范生	文史\历史类	汉语言文学	67	573
公费师范生	文史\历史类	历史学	49	567
公费师范生	文史\历史类	特殊教育	3	
公费师范生	文史\历史类	学前教育	41	561
公费师范生	文史\历史类	英语	17	569
公费师范生	文史\历史类	思想政治教育	36	566
公费师范生	理工\物理类	英语	5	586
公费师范生	理工\物理类	物理学	50	577
公费师范生	理工\物理类	地理科学	40	570
公费师范生	理工\物理类	化学	49	576
公费师范生	理工\物理类	生物科学	45	577
公费师范生	理工\物理类	计算机科学与技术	38	570
公费师范生	理工\物理类	数学与应用数学	33	589
公费师范生	理工\物理类	心理学	2	569
公费师范生	理工\物理类	教育技术学	14	569
优师专项	文史\历史类	思想政治教育	7	555

---

[1] 来源于陕西师范大学本科招生信息网。

续表

类别	科类	专业	2023年计划数	2022年最低分
优师专项	文史\历史类	历史学	9	554
优师专项	文史\历史类	汉语言文学	8	562
优师专项	文史\历史类	英语	11	554
优师专项	理工\物理类	化学	8	566
优师专项	理工\物理类	地理科学	8	558
优师专项	理工\物理类	物理学	5	565
优师专项	理工\物理类	生物科学	5	562
优师专项	理工\物理类	数学与应用数学	13	566
优师专项	理工\物理类	英语	3	562

（6）西南大学（以重庆为例）[1]

类别	科类	专业	2023年计划数	2022年最低分
公费师范生	历史	历史学	23	595
公费师范生	历史	学前教育	7	591
公费师范生	历史	汉语言文学	45	597
公费师范生	历史	特殊教育	1	586
公费师范生	历史	英语	20	597
公费师范生	历史	心理学	2	605
公费师范生	历史	地理科学	13	594
公费师范生	历史	思想政治教育	19	594
公费师范生	物理	学前教育	7	603
公费师范生	物理	英语	7	622
公费师范生	物理	计算机科学与技术	11	607
公费师范生	物理	数学与应用数学	54	616
公费师范生	物理	物理学	29	611
公费师范生	物理	特殊教育	3	600
公费师范生	物理	心理学	4	610
公费师范生	物理	教育技术学	5	607
公费师范生	物理	化学	22	610
公费师范生	物理	地理科学	13	609

---

[1] 来源于西南大学本科招生网。

续表

类别	科类	专业	2023年计划数	2022年最低分
公费师范生	物理	生物科学	23	610
公费师范生	物理	思想政治教育	6	606
优师专项	历史	英语	1	591
优师专项	历史	汉语言文学	6	592
优师专项	物理	英语	2	603
优师专项	物理	数学与应用数学	6	605

4. 就业服务要求

国家优师专项毕业生须履行所签订协议书的义务，本科毕业后经双向选择，由省级教育行政主管部门安排至生源省份定向县县域中小学任教，入编入岗，任教服务期不少于6年。在协议规定服务期内，经归口管理的县级教育行政部门同意并报生源所在地省级教育行政部门备案，可在该定向县县域学校间流动。

5. 案例解说——河南公费师范生李同学

从政策优惠上看，教育部门、人力资源和社会保障部门、机构编制部门以及财政部门联合实行公费师范生专项招聘，组织用人学校与公费师范生进行双向选择，为每一位毕业的公费师范生落实任教学校并确保有编有岗。

大家一般是被这条政策吸引的，但要格外注意的是，仅保障有编有岗，而不能保证毕业生能够去到理想的学校。有的学生可能认为，只要自己足够努力，就可以去较好的学校任教。但现实并不遂人愿，如河南的大小三甲中学[1]基本不分给公费师范生编制，如果面试过了，对方会要求毕业生签署放弃编制

---

[1] 郑州外国语学校、郑州市第一中学和河南省实验中学为"大三甲"，郑州市第四中学、郑州市第十一中学和郑州市第七中学为"小三甲"。

协议，不是对方不想给，而是他们的编制名额不够，即便是北大的博士也得排队。

存在此种情况的包括但不限于重庆、河南、吉林、四川等，这些地方的部分学校无法保证有编有岗，存在诸多困难。"我同学去了东北师范大学附属中学，但是需要读完研才能有编。四川和重庆的好学校主要招研究生，我们班绩点排名前三的一位很优秀的重庆同学都还没落实工作单位，由于没有理想的院校，只能违约远赴深圳。"李同学说。

福建厦门、天津、浙江、广东深圳的公费师范生工资高、待遇好，且社会地位高。公费师范生待遇是否优厚，取决于考生的户籍所在地。部属公费师范生是按毕业生户籍所在的城市进行分配，一般去市里的中学，不会被分配到县里，所以户籍所在地为经济较发达地区的公费师范生，毕业后的去向较为理想。

户籍所在地为县城的部属公费师范生，一般可以去市里的学校教书，想去省会学校很难。

省属学校的地域限制更大，户籍所在地为省会城市经济较发达区域的省属公费师范生，便有机会到经济较发达的区域工作。例如，户籍为云南省昆明市五华区的公费师范生就可以去五华区的学校工作，然而即使是部属公费师范生，高考成绩比省属公费师范生高出几十甚至近一百分，如果其户籍在地方小县城，也不一定能进入五华区的学校工作。

户籍在地方小县城的省属公费师范生可选择余地较小，可能会被分到户籍所在县里的某所乡镇学校。如果成为一名乡村教师，各方面的待遇自然与经济发达地区无法媲美，一旦到岗，则需要发扬教育本心，响应国家乡村振兴战略的号召，帮助乡村孩子获得更好的教育。

普通应届生如何报考教师编

想当老师该如何选择大学专业

教师编的岗位数量最多,机会最大的首先是K-12[1]阶段的学科教师,以下是常见学科与对应专业要求的汇总。

学科	常见专业要求
语文	汉语言文学、汉语言、汉语国际教育、学科教育(语文)、应用语言学
数学	数学与应用数学、信息与计算科学、数理基础科学、数据计算及应用
英语	英语、商务英语、翻译、学科教育(英语)
物理	物理学、应用物理学、核物理
化学	化学、应用化学、化学生物学、分子科学与工程
生物	生物科学、生物技术、生物信息学
历史	历史学、世界史
地理	地理科学、自然地理与资源环境、人文地理与城乡规划、地理信息科学
政治	思想政治教育、马克思主义理论、政治学与行政学、国际政治、科学社会主义、中国共产党历史

除此之外,小学教师岗位对专业的要求并不高,一般为小学教育。而职业教育教师岗位与大学教师岗位均对学历有着更高要求,专业上只要求相近即可。

---

[1] "K"代表kindergarten(幼儿园),"12"代表12年级(相当于中国的高三)。K-12是指从幼儿园到12年级的教育,是美国基础教育的统称。

应聘各学段教师对报名资质有什么要求

学段	教资要求	专业要求	学历要求	备注
幼儿园	幼儿园教师资格	学前教育	专科起步	加分项：蒙台梭利教师资格证、奥尔夫音乐指导师证、钢琴等级证书、保育员资格证、舞蹈等级证书、营养师资格证
小学	小学教师资格	小学教育	本科起步	考证时不需要考学科
初中	初中教师资格	学科相近专业	本科起步	本科可报名，但近年来都是硕士录用居多
高中	高中教师资格	学科相近专业	硕士研究生起步	
职校	中等职业学校教师资格	学科相近专业	硕士研究生起步	工科专业可报
大学	高等学校教师资格	学科相近专业，一般要求本硕博专业为学科相近专业	大部分要求博士研究生起步；优质高校有的要求本硕博均满足"985""211"条件，有的要求留学背景	少数讲师硕士研究生学历亦可
辅导员	无	无	本科起步	硕士研究生学历居多，事务烦琐，类似行政岗而非教师

一些特殊情况：在K-12教育体系中，教师资格证从上往下可以兼容通用，但不能逆用。比如，持有高中教师资格证书可以任职初中教师岗位，但持有初中教师资格证书无法任职高中教师岗位。每位教师必须持有普通话证书，一般要求达到二级乙等及以上标准。其中，语文教师岗位则要求达到二级甲等及以上标准。

教师编收入情况

教师工资组成非常复杂，其中包括基本工资、工龄工资、绩效工资以及五险一金和各类补贴，如住房补贴、交通补贴、健康保险、年终奖金等。这些福利的数额往往由学校或者地区决定，但是具体的数额可能会因为政策的差异而略有不同。

超一线城市和新一线城市，通常具有更高的经济总量和更快的发展速度。这使得它们能够拥有更多的财政收入和财政拨款，进而提供更好的教育资源和教师编制待遇。这些城市吸引了更多的人才和投资，教育资源相对丰富，教师编制待遇也相对较高。

相比之下，小城市的经济总量相对较小，财政收入有限。这导致了教育经费相对不足，教师编制待遇可能相对较低。这些城市面临着教育资源匮乏、教师缺乏等问题，难以提供与超一线城市和新一线城市相媲美的教育条件和待遇。

需要注意的是，教师编制待遇的差异不仅仅取决于城市的经济发展水平，还受到地方政府的政策决策和财政状况的影响。因此，即使在同一类城市中，不同地区之间的教师编制待遇也可能存在差异。

以下是由问卷调查、招聘网站、薪酬统计网站等多方信息汇集整理而成的教师编收入情况。

当然，这些数据有极强的个体性，不具备普遍性和代表性，家长和学生们还是应该考虑到就业求职时的具体情况，多维度了解本行业的薪资情况，再综合研判，做出更有利于自己预期的求职选择。数据仅供参考。

超一线城市

1. 北京教师收入案例（2022年）

案例信息：北京郊区，公立小学，执教主科，本科学历，10年教龄，有编制，一级教师职称，任教2个班级，担任班主任。

类别	金额	年收入
基本工资	10600元/月	127200元
荣誉称号补贴	1400元/月	16800元
住房公积金	4100元/月	49200元
住房补贴	1500元/月	18000元
班主任费	（800+2000）元/月	33600元
绩效工资	27000元	27000元
物业管理费	300元/月	3600元
取暖费	2500元	2500元
餐补	2500元/学期	5000元
总计	282900元	

2. 上海教师收入案例（2022年）

案例信息：上海长宁，公立初中，执教主科，研究生学历，3年教龄，有编制，任教2个班级，担任班主任。

类别	金额	年收入
基本工资	3200元/月	38400元
住房公积金	2200元/月	26400元
课时费	4000元/月	48000元
班主任费（按10个月计）	2300元/月	23000元
课后辅导	13600元	13600元
6月学期清算	7500元	7500元
9月统发奖金	4000元	4000元

续表

类别	金额	年收入
绩效工资	60000元	60000元
餐补	500元/月	6000元
总计	226900元	

3. 广州教师收入案例（2022年）

案例信息：广东广州，公立初中，执教副科，研究生学历，2年教龄，有编制，任教多个班级，担任班主任，兼任非教学工作。

类别	金额	年收入
基本工资	3800元/月	45600元
住房公积金	1664元/月	19968元
住房补贴	5130元/月	61560元
绩效工资	3500元/月	42000元
班主任费	8500元	8500元
晚托费（按10个月计）	1000元/月	10000元
总计	187628元	

4. 深圳教师收入案例（2021年）

案例信息：广东深圳（关外某区），公立初中，执教副科，研究生学历，近2年教龄，有编制，二级教师职称，任教多个班级，兼任非教学工作。

类别	金额	年收入
基本工资	10500元/月	126000元
住房公积金	5200元/月	62400元
住房补贴	2400元/月	28800元
绩效工资	16000元	16000元
午餐午休补助	11600元	11600元
延时服务费	1300元/月	15600元
总计	260400元	

新一线城市

1. 苏州教师收入案例（2022年）

案例信息：江苏苏州（下属县级市），公立中专，执教专业课，本科学历，20年教龄，有编制，中级讲师职称，担任班主任。

类别	金额	年收入
基本工资	5430元/月	65160元
住房公积金	3400元/月	40800元
住房补贴	4270元/月	51240元
交通补贴（按10个月计）	500元/月	5000元
课时费	4000元	4000元
班主任费（按10个月计）	800元/月	8000元
班主任年限奖	1000元	1000元
骨干补贴	1000元	1000元
监考+值班费	1000元	1000元
餐补（按10个月计）	150元/月	1500元
绩效工资	20000元	20000元
季度奖	20000元	20000元
总计	218700元	

2. 西安教师收入案例（2022年）

案例信息：陕西西安，公立小学（地处城乡接合处），执教副科，本科学历，2年教龄，有编制，任教20多个班级（跨多个年级）。

类别	金额	年收入
基本工资	3530元/月	42360元
住房公积金	485元/月	5820元
每月绩效	680元/月	8160元
取暖费	2300元	2300元
降温补贴	900元	900元

续表

类别	金额	年收入
绩效增量	30000 元	30000 元
延时服务	5760 元	5760 元
总计	95300 元	

3. 成都教师收入案例（2021 年）

案例信息：四川成都（高新区），公立高中，执教高考科目，本科学历，2 年教龄，有编制，任教 2 个班级。

类别	金额	年收入
基本工资	2370 元 / 月	28440 元
住房公积金	1970 元 / 月	23640 元
住房补贴	7985 元	7985 元
绩效工资	78000 元	78000 元
早晚自习	5100 元 / 学期	10200 元
社团上课	1800 元 / 学期	3600 元
在编人员门诊	1800 元 / 学期	3600 元
总计	155465 元	

4. 武汉教师收入案例（2021 年）

案例信息：湖北武汉（高新区），公立初中，执教主科，研究生学历，近 2 年教龄，聘用制，任教 2 个班级。

类别	金额	年收入
基本工资	3800 元 / 月	45600 元
住房公积金	2500 元 / 月	30000 元
绩效工资	18000 元	18000 元
住房补贴	200 元 / 月	2400 元
安家费（入职第一年）	30000 元	30000 元
总计	126000 元	

其他城市

1. 山东滨州教师收入案例（2022年）

案例信息：山东滨州（四线城市），公立初中，执教主科，本科学历，2年教龄，有编制（乡镇岗），二级教师职称，任教2个班级。

类别	金额	年收入
基本工资（含乡镇补贴）	（5000+200）元/月	62400元
住房公积金	1570元/月	18840元
绩效工资	6000元	6000元
课后服务	3500元/学期	7000元
取暖费	2000元（已包含在基本工资中）	/
总计		94240元

2. 广西来宾教师收入案例（2022年）

案例信息：广西来宾（五线城市）某县城，公立小学，执教主科，本科学历，1年教龄，控制数教师[1]，任教1个班级。

类别	金额	年收入
基本工资	2360元/月	28320元
住房公积金	950元/月	11400元
绩效工资（月绩效+年终绩效）	1030元/月+3750元	16110元
物业补贴	160元/月	1920元
课后服务（按10个月计）	1700元/月	17000元
总计		74750元

---

[1] 控制数教师与在编教师享受同等待遇，但是没有编制，若有空缺编制，则优先从控制数教师中补充。

总结

教师岗位是许多人梦寐以求的职业之一，要想进入这一岗位，首先需要结合上文信息，对不同编制类型的教师有所了解，每种编制类型都有其特点和要求，需要根据自身情况进行报考选择。此外，不同地域和不同岗位的教师收入也有差异，需要兼顾教育情怀与现实生活，文中提供的个人收入案例可以作为一个基础参考，实际选择时一定要结合当时当地的具体情况来考虑。

成为一名教师的途径有很多，可以在师范院校的教育类相关专业毕业后报考教师编考试，也可以通过公费师范生的途径。报考教师编需要满足一定的条件和要求，包括学历、专业、资格证书等，需要提前做好规划和准备。公费师范生虽然有享受免费教育的优势，但也需要承担一定服务期限的义务，需要权衡利弊进行选择。部属公费师范生与地方公费师范生之间的差别也需要仔细厘清，根据学生分数情况和自身需求选择报考。

总之，进入教师岗位需要理性思考和规划，了解不同编制类型，选择合适的途径，权衡公费师范生的优劣势，满足报考要求，并根据实际情况选择合适的地域和岗位，才能顺利进入这一职业。希望大家能够从以上内容中获得相应的启发，理性对待自己的教师之路。

第二章

医生

救死扶伤,生命所系

导言

医者，妙手仁心。随着我国医疗卫生服务体系的不断健全以及中西医发展的进一步协调，2023年中央有关文件明确指出将在2035年建成整合型医疗卫生服务体系。这也就意味着，除了长久以来稳固的社会地位之外，医生这一职业将在未来拥有更高、更强的专业壁垒。医学专业学生经过前期的蛰伏耕耘，凭借极强的专业性，可以在科目更丰富的医学领域站稳脚跟、持续攀登，因此选择从医不失为一次深远可靠的人生投资。

医学生的专业选择非常多元化，仅是教育部下发的中国《普通高等学校本科专业目录》当中，临床医学这一学科就包含临床医学、精神医学、儿科学、放射医学、眼视光医学、医学影像学等专业，更不要提实际就业中一家三甲医院的科室可能有五六十个之多。比如，复旦大学附属中山医院设有心内科、肝肿瘤内科、呼吸内科、内分泌科、神经内科、神经外科、肾脏内科、消化内科、血液科、肿瘤内科等临床科室和医技科室。如此丰富的类目容易给家长和考生带来选择上的困扰。本章将从专业选择、薪资标准、就业出路等方面进行系统全面的讲解。下面介绍一下填报高考志愿过程中最容易触及医生职业的一项优惠政策。

入学前就预定工作去向的专业：提前批次——公费定向医学生

公费医学生的起源

2010 年，国家发展改革委等部门启动实施了在高等医学院校开展公费医学生的培养工作。主要是为了给乡镇卫生院或社区服务中心等基层医疗卫生机构培养从事全科医疗的卫生人才。

在获得入学通知书之前，公费医学生需要和培养学校以及当地的县级卫生行政部门签署一份定向就业协议。这份协议是为了保证他们毕业后能够去相关基层医疗卫生机构服务，时长一般为 6 年。在学习的这段时间里，他们的户籍仍然保留在原地。公费医学生毕业后，需要去入学前签署的定向就业协议的地方的县级卫生行政部门报到。基层医疗卫生机构会按照有关规定和毕业生签订聘用合同，并办理相关手续，实行合同管理。在协议规定的服务期内，毕业生可以在所在的省（区、市）的农村基层卫生机构之间流动。

此外，公费医学生毕业后，还需要按照有关规定去参加全科医生规范化等培训，并完成执业医师或执业助理医师资格考试。

公费医学生报考资质

各省设置的公费医学生报考条件不尽相同,但相同点是均招收农村户籍的考生,具体要求可见各省招考公告。

违约代价

如果公费医学生毕业后没有按照协议去基层医疗卫生机构工作,需要退还已经减免的教育费用,并支付违约金。此外,违约情况会被记录在个人诚信档案中,具体办法由省级相关部门共同制定。省级卫生行政部门负责管理履约情况,并建立公费医学生的诚信档案。

所以在填报高考志愿时,考生和家长需要考虑自身的家庭情况,切勿盲目报考。

学医疑虑——可能让你放弃学医的理由

有许多中学生想在大学及将来投身临床医学领域的学习。医生作为救死扶伤的职业,所代表的不仅仅是一份工作,更多的是一份社会责任与使命,甚至有可能在一段时间内,会让人觉得付出与回报不成正比,所以在选择投身医学领域之前,需要了解以下几个方面的细节。

第一,医学是一个充满挑战的领域,需要花费大量的时间和精力来学习相关知识与技能。与其他大多数专业相比,医学生的培养周期更长,本科阶段为五年制，比其他专业多一年的学习时间，大学中的教材厚度及知识量要求比其他专业要高，学习难度也更大。医学生需要学习大量的基础知识，例如生物学、化学、解剖学、病理学等，而在真正的临床工作中，容错率极低，所以必须有精确的记忆能力和高效的学习能力。

第二，医生的工作强度很大，工作与家庭往往难以平衡。医生需要长时间工作，优势科室的医生可能需要连续工作20小时以上，身体负荷较大，同时还需要不断地丰富专业知识和技能。这使得医生在工作和家庭之间往往难以平衡，对亲人的陪伴时间较少，从而导致一些人会有放弃学习医学的念头。

第三，医生面临着一定的职业风险。这些年来，医疗纠纷和暴力事件时有发生，使得医生在工作中有一定人身安全风险。

第四，临床医学的录取分数和位次都是同类院校中最高的标准。相比于报考其他专业，考生以同样的分数报考临床医学时只能选择院校档次更低的院校。简单来说，一般能在"985"院校读其他专业的分数，只能在"211"院校、"双一流"院校或者当地一本医科大学中读临床医学专业。此时部分学生就会在院校档次和临床医学专业间难以抉择，和同分数段其他同学的录取结果对比时，也会产生强烈反差。

第五，学医具有一定地域性，大学的选择要和将来的人生规划相契合。当大部分学生辛苦读完临床医学专业选择就业单位时，本校的附属医院可能是为数不多的优质选择。如果想要忽视地域性，那么本科院校的等级及学科实力就需要在全国有非常靠前的排名和极高的业内认可度。

第六，大部分医生的薪资待遇并不是特别突出。部分理工科专业本科生毕业近五年平均薪资可能比刚毕业的临床医学硕士研究生的薪资要高。这种情况会让学生在进入社会后感到自己的付出与回报不成正比，进而产生心理落差。

总之，学医是一个充满挑战和困难的选择，也是一个非常有意义的选择。如果你对医学充满热情并且愿意为之付出时间和精力，那么学医将是一个非常不错的选择。

成为一名合格医生需要准备的证书

执业医师资格证——行医的必经之路

执医证是医生行医的必需品，它证明了行医者已具备一定的医学知识和技能，可以为患者提供安全可靠的医疗服务。

执医证分为正本和副本，正本就是医师资格证（红色封面），由国家卫生健康委员会统一发放，终身有效不作废；副本为医师执业证（绿色封面）。医生行医必须先取得医师资格证，再携带医师资格证到个人工作医院所在地的卫生局注册取得医师执业证。

1. 医师资格证的报考条件和考试时间

考取医师资格证，需要满足下列条件之一：

具有高等学校相关医学专业本科以上学历，在执业医师指导下，在医疗卫生机构中参加医学专业工作实践满 1 年；

具有高等学校相关医学专业专科学历，取得执业助理医师执业证书后，在医疗卫生机构中执业满 2 年。

医师资格证考试每年举行一次，考试内容分为实践技能考试和医学综合笔试两部分，实践技能考试主要考查考生的动手能力和临床操作技能，医学综合笔试则是考查考生的专业知识水平和综合能力。

通常在每年的年初，考生就可以登录国家医学考试网进行报名。报名成功后，携带报名材料，到所在地点进行现场审核，现场审核通过后，考生需要参加考试。通常在每年的6—7月进行实践技能考试，8—9月进行医学综合笔试。考试成绩一般会在11—12月公布，同时也会进行电子注册等程序。

2023年，天津、河北、山西、内蒙古、吉林、黑龙江、上海、江苏、安徽、福建、江西、山东、河南、湖北、湖南、广东、广西、海南、重庆、四川、贵州、云南、西藏、陕西、甘肃、青海和宁夏考区成为医师资格证考试中医学综合笔试"一年两试"的试点。"一年两试"推进的初衷是在保障选拔标准的前提下，增加医师的数量，使医师数量可以满足健康中国战略发展的需要。

拥有医师资格证的医生，不仅可以在医疗机构中担任诊疗工作，具有3—5年的临床经验后，还可以从事医学研究和教育，并且享受更多的职业发展机会和福利待遇。没有医师资格证的医生，即使有再高的热情和再好的想法，也无法合法从事医疗工作，甚至可能构成非法行医的违法行为。

2. 医师资格证各科目考试通过率

实践技能考试和医学综合笔试的通过率均较低。且医学综合笔试的难度更大，通过率更低，因为其涵盖的知识面更加广泛，考试内容更加深入。

所以，想要成为一名成功的执业医师，不仅需要在实践技能方面表现出色，还必须熟练掌握医学综合笔试的相关知识。这意味着考生在大学期间的学习态度和专业知识水平对最终的考试结果至关重要。

3. 医师资格证的类别

想要成为执业医师，首先需要了解医师资格证的类别。目前，共有四个类别可以选择，分别是临床、口腔、中医、公共卫生。需要注意的是，基础医学类、药学类、医学技术类、法医学类和护理学类，是无法获得执业医师资格证的。

如果想从事临床医学相关工作，可以选择临床医学、麻醉学、精神医学、儿科学、放射医学、眼视光医学、医学影像学等专业作为报考临床类别执业医师资格考试的学历依据。

如果对口腔医学感兴趣，那么口腔医学专业就是报考口腔类别执业医师资格考试的最佳选择。

中医类别医师的执业范围包括中医专业、中西医结合专业和民族医专业。其中，民族医专业实际报考较少，例如藏医学、蒙医学和维医学。

如果想要投身公共卫生领域，预防医学和妇幼保健医学专业是报考公共卫生类别执业医师资格考试的理想选择。

住院医师规范化培训合格证书

住院医师规范化培训合格证书是医学领域内非常重要的资质证明，也是评价医生是否具备高级临床技能和独立行医能力的关键指标。通过规范化培训的医生可以全面掌握临床诊疗技能和处理各种复杂病例的能力，获得更加专业的临床培训认证。持有该证书的医生在医院从事住院医师工作，能够更好地为患者提供高质量的医疗服务，并获得更多的职业发展机会。

1. 培训基地应当具备的基本条件 [1]

· 三级甲等医院。

· 达到《住院医师规范化培训基地认定标准（试行）》要求。

· 经所在地省级卫生计生行政部门组建的专家委员会或其指定的行业组织、单位认定合格。

根据培训内容需要，可将符合专业培训条件的其他三级医院、妇幼保健院和二级甲等医院及基层医疗卫生机构、专业公共卫生机构等作为协同单位，发挥其优势特色科室作用，形成培训基地网络。

2. 住院医师规范化培训的基本做法

· 以临床实践、专业必修课、公共必修课专业课为培训的主要内容，要求住院医师在两个阶段分别通过考试取得相应课程学分。

· 培训方法：临床实践以在岗培训为主，由科室集体指导。外语及专业必修课主要通过自学完成，部分公共必修课和选修课则通过业余办班面授完成，也可通过自学、参加该课水平测试获得学分。

· 对工作满 5 年，学分符合要求者，经临床能力考核合格，发给住院医师培训合格证书，作为申报中级专业技术职务任职资格的必备条件。为部分在职临床医师申请临床医学专业学位所需，对从事临床工作 3 年以上，完成住院医师第一阶段规范培训并通过考核者，可发给住院医师规范化培训合格证书。

在实施住院医师规范化培训中，应根据"知识宽、基本厚"的要求，注重医德培养，强调三基训练，先宽后专，循序渐进，加强临床实践，以理论联系实际为原则。

---

[1] 来源于《住院医师规范化培训管理办法（试行）》。

在制度方面应做到：

- 培训—考核—晋升相结合，以利于调动培训的积极性；
- 实行以实践为主、技能为主、自学为主、业余为主的在岗培训，以利于改变轻实践的倾向；
- 知识结构力求合理，注重医疗、医学科研相结合，以打好扎实的基础。

3. 考核评估方式

住院医师培训的考核必须规范，并逐渐达到标准化的要求。考核分为平时考评、阶段考试、各医院自行组织考核和省、市高等学校统一组织的理论考试、计算机考试等不同方式。

（1）科室考评

每一科室轮转结束，由科主任组织考评小组人员，以无记名投票方法对住院医师的医德医风、临床技能、教学能力做出综合评价，记入轮转手册。医德医风的内容包括：

- 对工作的责任心、服务态度、遵纪守法、劳动纪律的评定；
- 医疗作风的评定；
- 有无差错、事故；
- 团结互助、顾大局、识大体的表现。

评为优或良者为合格，如医德医风不合格者，则该年该轮转中临床实践均无学分。

对临床技能如病史采集能力、全面体检能力、操作及手术技能，采取面对面考核的办法，并须达到规定的学分。

（2）外文水平

选用英文版克氏外科学和希氏内科学内容。水平测试每年举行一次，住院医师进入第二阶段起均可参加外文水平测试，形式为英译中，要求达到 2 小时完成 4000 印刷符号的翻译量。

（3）专业理论

即将结束第二阶段培训的住院医师必须参加统一组织的专业理论考试，以达到各专业低年资主治医师的基本要求。

（4）临床能力

包括专业技术及临床决策能力两方面，前者由专家对住院医师的病史采集、体检能力、医疗操作技能、手术操作技能等进行面对面考核；后者则分别在第一阶段与第一阶段培训结束时进行。可采用面对面病例分析的考试方法，也可使用计算机辅助考试系统进行测试，使临床决策能力测试向更加科学的方向发展。为了在培训中加强和巩固住院医师的问诊和体检的临床技能，还可引入标准化病人的考核方式。

4. 规培时待遇情况[1]

（1）签订相关协议

· 单位委培住培医师，由培训基地、委派单位和培训对象三方签订委托培养协议，明确三方相关权利和义务；培训期间原人事（劳动）、工资关系不变。

· 社会化住培医师，由培训基地与培训学员签订培训暨劳动协议，明确双方相关权利和义务。

· 住培医师纳入医院住院医师统一管理，培训结束后培训对象与培训基地的培训关系自然解除。

---

[1] 来源于《山东大学第二医院(第二临床学院)2023年住院医师规范化培训学员招收简章》。

（2）待遇保障

· 基本补助：2500—2900 元/月（与考核成绩挂钩）。

· 科室绩效：根据执业证书取得、变更备注、工作量、参培年限等发放科室绩效奖金，平均 1000—2000 元/月。

· 社会化专项：参照本院职工同等水平为社会化住培医师发放专项补助，本科 1400 元/月，硕士 1500 元/月，并缴纳五险一金。

· 住宿补贴：为非本市、非本单位住培医师发放，500 元/月。

· 餐费补助：按照本院职工标准发放餐费补助 15 元/工作日，享受本院职工同等待遇。

· 其他奖励：根据情况发放优秀住培医师和各类比赛奖励。

非法行医——异地行医

取得医师执业证书是从事医疗工作的必要条件。《中华人民共和国医师法》第 14 条规定："医师经注册后，可以在医疗卫生机构中按照注册的执业地点、执业类别、执业范围执业，从事相应的医疗卫生服务。"这里的"执业地点"，简单来说，就是医生执业的医疗卫生机构的地址。每个医生都需要按照这个地址进行执业，不能随意更改或超出范围。

若执业医师想变更执业地点、执业类别、执业范围等注册事项的，应依照《中华人民共和国医师法》第 18 条的规定，"到准予注册的卫生健康主管部门办理变更注册手续"。

当然，法律也有一些涉及特殊情况的规定，比如，《中华人民共和国医师法》第32条规定:"遇有自然灾害、事故灾难、公共卫生事件和社会安全事件等严重威胁人民生命健康的突发事件时,县级以上人民政府卫生健康主管部门根据需要组织医师参与卫生应急处置和医疗救治,医师应当服从调遣。"也就是说,医生在此紧急情况下因履行义务而跨地区执业的行为,是法律所认可的有利于社会的行为,而不构成非法行医罪。

以上情况下,医生可以在执业地点以外的地方行医,但是事后必须立即向相关部门报告,并获得相应的批准。但是,这并不意味着医生可以随意在其他地方执业。如果医生没有按照规定的执业地点、类别和范围执业,就会被视为非法行医。

《中华人民共和国刑法》第336条规定:"未取得医生执业资格的人非法行医,情节严重的,处三年以下有期徒刑、拘役或者管制,并处或者单处罚金;严重损害就诊人身体健康的,处三年以上十年以下有期徒刑,并处罚金;造成就诊人死亡的,处十年以上有期徒刑,并处罚金。"

这些都是非常严重的惩罚,所以医生必须严格遵守执业规定。

如何成为医院的一名医生

在成为医生之前,需要了解一下医院等级划分标准。医院等级划分标准,是我国根据医院规模、科研方向、人才技术力量、医疗硬件设备等要素对医院资质进行评定的标准。全国统一,不分医院背景、所有性质等。按照《医院分级管理办法》,医院经过评审,确定为三级,每级再划分为甲、乙、丙三等,其中三级医院增设特等级别,因此医院共分三级十等。

一级医院：直接向一定人口的社区提供预防、医疗、保健、康复服务的基层医院、卫生院。

二级医院：向多个社区提供综合医疗卫生服务和承担一定教学、科研任务的地区性医院。

三级医院：向几个地区提供高水平专科性医疗卫生服务和执行高等教学、科研任务的区域性以上的医院。

企事业单位及集体、个体举办的医院的级别，可比照划定。

进入医院的学历要求

一般来说，医院的等级越高，对医生的要求也越高。不同等级医院对学历的需求是不同的。

对三甲医院来说，一般要求医生具有博士研究生学历。

对二甲医院和社区医院来说，要求可以稍微降低一些。一般要求医生具有硕士研究生及以上学历即可，但仍然需要具备扎实的医学知识和临床经验。同时，二甲医院和社区医院也会考虑招聘一些本科或专升本学历的医生，但数量一般较少。

除了学历要求外，不同等级医院对医生的经验和技能等方面也有不同的要求。一般来说，等级越高的医院对医生的要求越高，不仅要求医生具备扎实的医学知识和临床经验，还要求医生具备较高的科研能力和学术水平。

进入医院的医生应具有的综合素质和实力

扎实的医学知识和临床经验：这是医生开展诊断和治疗工作的基础，也是保证患者得到准确治疗的关键。具体来说，医生需要掌握医学基础知识和理论，如解剖学、生理学、病理学等，并具备丰富的临床实践经验，能够根据患者的症状和体征，快速准确地做出诊断，给出治疗方案。

专业技能：医生需要具备一定的手术技能、操作技能、交流技能等，以便更好地为患者提供诊断和治疗服务。具体来说，医生需要具备熟练的手术技能，能够完成各种复杂的手术操作；具备良好的操作技能，能够使用现代化的医疗设备进行诊断和治疗；具备良好的交流技能，能够与患者建立良好的沟通关系，了解患者的病情和需求，实现个性化的诊疗服务。

高度的责任感：医生肩负着患者生命安全和健康的重大责任，因此需要具备高度的责任感，时刻以患者的健康和福祉为重。具体来说，医生需要认真对待每一位患者，对其病情进行全面、准确的分析和评估，并密切关注患者的病情变化。

耐心和细心：医生需要面对各种各样的患者和疾病，因此需要具备耐心和细心，以便更好地了解患者的病情和需求，实现个性化的诊疗服务。具体来说，医生需要耐心倾听患者的主诉，了解患者的病情和背景；细心观察患者的体征，注意细节和变化；针对不同患者的需求，做出反馈。

人文关怀：医生的工作不仅仅是治疗疾病，还需要关爱患者、与患者沟通交流等。具体来说，医生需要关注患者的情感需求，尊重患者的权利和尊严；注重与患者及其家属的沟通交流，建立良好的医患关系；积极参与患者的康复过程，提供全面的医疗服务。

不断学习和更新自己的能力：医学发展日新月异，医生需要不断地学习，更新自己的知识和技能，以跟上时代的步伐，为患者提供更好的诊疗服务。具体来说，医生需要关注医学领域的最新进展和研究成果，积极参加学术会议、专业培训等学术活动；不断提高自己的诊疗水平，掌握先进的医疗设备使用方法和治疗方法；注重自我反思和总结经验教训，不断完善自己的临床决策能力和诊疗水平。

精确的数据处理能力：在医疗领域中，精确的数据处理是至关重要的。医生需要具备对医疗数据进行分析和处理的能力，包括病人的病史数据、检查结果、手术记录等。医生需要利用医疗信息系统进行数据的收集、整理、分析和解读。此外，医生还需要掌握相关的统计学知识，能够对临床试验数据进行分析和评估，为临床研究提供支持。

团队协作能力：在医疗团队中，医生需要与其他医疗专业人员紧密合作，共同为患者提供全面的医疗服务。医生需要具备良好的团队协作能力，能够与护士、药师、理疗师等医疗团队成员进行有效的沟通和协作，同时还需要与患者及其家属保持良好的沟通交流。

良好的身体和心理素质：医生需要具备健康的身体和良好的心理素质，以应对高强度、高压力的医疗工作环境。医生需要具备冷静、果断的应变能力，能够在紧急情况下迅速做出决策并采取行动。

医师的职称（晋升机制）[1]

医师职称包括：初级职称（医士、执业医师/住院医师）、中级职称（主治医师）、副高级职称（副主任医师）和正高级职称（主任医师）。

---

[1] 来源于《卫生专业技术人员职称评价基本标准》。

1. 初级职称

执业医师资格证考试是医师行业准入考试，执业助理医师可聘为医士，执业医师可聘为医师。

（1）执业助理医师

具有高等学校相关医学专业专科以上学历，在执业医师指导下，在医疗卫生机构中试用期满1年的，可以参加执业助理医师资格考试。

（2）执业医师

· 具有高等学校相关医学专业本科以上学历，在执业医师指导下，在医疗卫生机构中参加医学专业工作实践满1年；

· 具有高等学校相关医学专业专科学历，取得执业助理医师执业证书后，在医疗卫生机构中执业满2年。

满足上述条件之一，可报名考取执业医师资格证。

2. 中级职称（主治医师）

卫生专业技术人员中级职称实行全国统一考试制度。如临床、口腔、中医类医师，符合以下条件之一，可报名参加考试：

· 具备博士学位，并取得住院医师规范化培训合格证书；

· 具备硕士学位，取得住院医师规范化培训合格证书后从事医疗执业活动满2年；

· 具备大学本科学历或学士学位，取得住院医师规范化培训合格证书后从事医疗执业活动满2年；

· 具备大学本科学历或学士学位，经执业医师注册后从事医疗执业活动满4年；

· 具备大专学历，经执业医师注册后从事医疗执业活动满6年；

・具备中专学历，经执业医师注册后从事医疗执业活动满 7 年。

3. 副高级职称（副主任医师）

・具备大学本科及以上学历或学士及以上学位，受聘担任主治（主管）医师职务满 5 年；

・或具备大专学历，在县级及以下基层医疗卫生机构工作，受聘担任主治（主管）医师职务满 7 年；

・完成规定的工作量要求。

4. 正高级职称（主任医师）

・主任医师是医生职称中的最高级别，申请人需要具备大学本科及以上学历或学士及以上学位，受聘担任副主任医师职务满 5 年，完成规定的工作数量要求；

・熟练掌握所属医学专业所属疾病的诊治技术及相应的诊疗设备和药品的使用，能够独自承担重大或疑难临床工作，医德高尚，业务能力精湛。

薪资标准——医生收入如何

介绍完不同职称医师的晋升标准，我们再来介绍一下各科室不同职称医师的薪资水平。以下数据来源于丁香园·丁香人才《2021 年度中国医院薪酬调研报告》，报告针对包括京沪多所一流医院在内的全国 190 家医院，每家医院收集 19 个热门科室、4 个职称级别的薪酬信息（固定工资、绩效工资、社保与住房公积金以及其他福利），力求完整、全面地呈现医生薪酬与福利水平。

不同科室薪酬分布（年薪，单位：元）

公立					
科室	正高	副高	中级	初级	平均
肿瘤科	287958	242081	195464	166781	221586
普通内科	283791	224743	188056	157185	211856
心血管内科	273125	229892	186815	156261	211203
内分泌科	274569	220995	184120	154413	206624
神经外科	270335	223609	181313	149957	205067
口腔科	282594	227954	178436	146861	204229
妇产科	270940	222525	180428	145819	203609
骨科	268892	223012	177916	147872	202940
普通外科	268109	217821	180800	150505	202885
神经内科	267191	221024	178684	149548	202804
消化科	260900	217979	178650	149500	200704
康复科	266241	226761	175952	146378	200346
皮肤科	273872	221801	171662	144443	198288
眼科	270541	217683	170787	142202	197558
影像放射科	269209	216858	173348	141476	196515
检验科	269589	224500	168384	140214	194361
儿科	255649	206148	169307	140585	190849
超声科	264474	209531	165666	140670	190804

临床医学医生类别及考研方向

在当今医疗环境下，临床医生的工作领域及内容和临床医学研究生的学习方向日益呈现出多元化和精细化的特点。

1. 不同专业所对应的医生类别

专业	医生类别
临床医学	内科医生、儿科医生、外科医生、妇产科医生、急诊科医生、全科医生等
精神医学	精神科医生、心理咨询师、心理治疗师等
麻醉学	麻醉科医生、疼痛科医生等
医学影像学	放射科医生、核医学科医生等
眼视光医学	眼科医生、视光师等
放射医学	同位素治疗、核医学与分子影像等领域的医生等
儿科学	儿科医生、儿童保健医生等

2. 临床医学考研方向[1]

内科学：一门提供成人健康照护的临床医学二级学科。根据研究系统及研究方式可细分为心血管病学、血液病学、呼吸病学、消化病学、内分泌与代谢病学、肾病学、风湿病学、变态反应与免疫病学、感染病学、内科肿瘤学、内科危重症医学和睡眠医学等专科研究方向。

普通外科学：一门以侵入人体如外科手术的方式为主的提供健康照护的临床医学二级学科。根据解剖系统部位划分，普通外科学还可细分为胃肠外科学、结直肠外科学、肝胆胰外科学、甲状腺与头颈外科学、血管外科学、移植外科学、烧伤外科学、外科危重症医学和儿童普通外科学等专科研究方向。

骨科学：一门以侵入人体方式为主，为人体骨骼系统疾病提供健康照护的临床医学二级学科。根据解剖系统部位及研究内容可细分为关节外科学、肌肉骨骼肿瘤学、手外科学、脊柱外科学、足踝外科学、运动骨科学、

---

[1] 来源于中国学位与研究生教育学会官网公布的《研究生教育学科专业简介及其学位基本要求》。

创伤骨科学、儿童骨科学等专科研究方向。

泌尿外科学：一门以侵入人体方式为主，为泌尿生殖系统疾病提供健康照护的临床医学二级学科。根据研究群体和研究内容，分为泌尿外科、儿童泌尿外科等专科研究方向。

胸外科学：一门以侵入人体方式为主，为人体胸壁、胸腔内器官（包括胸壁、肺、气管、食道、纵隔、膈肌、心脏等）和大血管疾病提供健康照护的临床医学二级学科。根据病变类型和手术方式还可细分为胸外科学、心血管外科学、儿童胸心外科学等专科研究方向。

神经外科学：一门以侵入人体方式为主，为人体中枢神经系统和周围神经系统疾病提供健康照护的临床医学二级学科。如颅骨、头皮、脑血管及脑膜等结构的损伤、炎症、肿瘤、畸形及某些遗传代谢障碍或功能紊乱疾病的预防、诊断、控制、治疗和康复照护。

整形外科学：一门以侵入人体方式为主，以恢复功能、改善形态为目的，提供健康照护的临床医学二级学科。根据解剖部位和研究方式可分为手外科学和颌面外科学等专科研究方向。

妇产科学：一门为女性生殖系统疾病提供健康照护的临床医学二级学科。根据年龄期、系统部位及手术方式还可细分为母胎医学、生殖医学、妇科肿瘤学、女性盆底与重建外科学等专科研究方向。

儿科学：一门为新生儿至青少年提供健康照护的临床医学二级学科。根据研究系统及内容可划分为呼吸病学、消化病学、心血管病学、神经病学、血液肿瘤学、肾脏病学、内分泌遗传代谢病学、感染病学、风湿免疫病学、儿科危重症医学、儿科急诊医学和儿童保健学等专科研究方向。

神经病学：一门为人体中枢神经系统、周围神经系统、骨骼肌等疾病提供以药物治疗为主的健康照护的临床医学二级学科。根据研究部位及内容不同，可分为血管神经病学、癫痫病学、脑损伤医学、临床神经生理学等专科研究方向。

精神医学：一门为个体和群体精神状态、精神障碍及疾病提供健康照护的临床医学二级学科。根据年龄期、研究内容不同可分为儿童与青少年精神病学、老年精神病学、法医精神病学、成瘾精神病学、心身医学、精神影像学等专科研究方向。

眼科学：一门为机体视觉系统包括眼球及与其相关联组织疾病提供健康照护的临床医学二级学科。根据年龄期可细分为小儿眼科学等专科研究方向。

耳鼻咽喉－头颈外科学：一门为机体耳、鼻、咽、喉和头颈部诸多器官疾病提供健康照护的临床医学二级学科。根据解剖部位和年龄期可细分为耳科学、鼻科学、咽喉科学、头颈外科学、小儿耳鼻咽喉科学等研究方向及领域。

皮肤病学：一门为机体皮肤及其相关疾病提供健康照护的临床医学二级学科。根据临床诊疗需要可分为皮肤外科学、皮肤病理学、皮肤影像学、皮肤物理治疗学科等专科研究方向。

放射影像学：一门应用X线、CT、MR等医学影像学设备、技术，从影像学、分子影像学等方面研究人体内部结构及相关疾病的影像学特征的临床医学二级学科。根据应用技术及研究内容等可分为放射诊断学、介入放射学、分子影像学、精神影像学等专科研究方向。

超声医学：一门将超声波技术与临床医学、声学和计算机科学相结合、依据相关断层图像提供临床决策的临床医学二级学科。将科学知识、临床专业知识、超声波技术、电子计算机技术、影像技术与医学结合，实时、无创地获得活体组织、器官的断层图像，为个体及群体健康促进、疾病预防、诊断、治疗、控制、康复照护决策提供依据。

核医学：一门应用核科学技术提供健康照护及生物医学研究的临床医学二级学科。它分为实验核医学和临床核医学，其自身特点是集功能/解剖影像、分子功能影像、靶向治疗为一体。

临床检验诊断学：一门应用医学及相关实验技术对来自机体的标本进行检验和研究的临床医学二级学科。根据研究内容及方式可分为临床生化和免疫学、临床遗传学和分子生物学、临床微生物学等专科研究方向。

临床病理学：一门研究疾病形态结构、分子改变的临床医学二级学科。根据解剖部位及研究内容不同，可分为消化病理学、呼吸病理学、神经病理学、血液病理学、细胞病理学、法医病理学等专科研究方向。

康复医学：一门以研究个体和群体机体功能康复，改善生活质量和幸福指数的临床医学二级学科。根据研究内容分为神经康复医学、脊髓损伤康复医学、运动康复医学、儿童康复医学等专科研究方向。

麻醉学：一门研究临床麻醉、生命机能调控、器官功能保护、重症监测治疗和疼痛诊疗的临床医学二级学科。根据研究内容分为成人胸心麻醉学、产科麻醉学、儿科麻醉学、疼痛医学和麻醉危重症医学等专科研究方向。

急诊医学：一门为急性疾病或其他需要紧急照护的个人或群体进行快速的生命支持和医疗照护，以避免死亡和伤残发生的临床医学二级学科。将科学知识、临床专业知识、急救照护技术应用于个人和群体，提供急性疾病快速诊断、控制、治疗和康复照护。

医学遗传学：一门研究遗传病及疾病遗传学特征的临床医学二级学科。根据研究方向及内容不同，可分为临床遗传学、临床分子遗传学、临床生化遗传学、临床细胞遗传学等专科研究方向。

放射肿瘤学：一门应用电离辐射治疗恶性肿瘤和良性疾病的临床医学

二级学科。研究内容包括分子和临床肿瘤学、射线物理特性、电离辐射的生物效应等。

预防医学：一门研究在临床诊疗中对疾病、伤害的危险因素进行评估和预防干预，并制定健康维护、健康促进以及减少疾病和伤害的危险因素等措施，对正常人群、患者采取个体预防措施和医疗照护的临床医学二级学科。根据研究内容，可分为流行病学、环境医学和医学毒理学等专科研究方向。

全科医学（家庭医学）：一门为个人、家庭及社区提供连续性、动态的综合性照护的临床医学二级学科。根据研究内容，可分为全科老年医学、舒缓医学等专科研究方向。

医学生的多元未来——医疗领域的多种职业

在实际的临床就业情况中，受工作强度、薪酬条件、职业发展空间、兴趣爱好、自身身体素质和家庭情况等因素影响，有一些临床医生会转到其他岗位或职业继续发展，以下为部分常见的情况。

医院行政岗

医院的行政体系涵盖了多个关键岗位，包括院长、副院长、办公室主任、医务科科长、护理部主任、药剂科科长、保卫科科长、总务科科长等，以及各相关部门的负责人。此外，医院还设有如院务处、政治处、医务处、财务处、人事科、医保科、离休干部工作科等多个行政部门，每个部门都拥有不同职称的人员，各自承担着独特的职能。

例如，医务处配有医务助理，负责处理医疗行政相关事务，而医务处主任则负责全面管理该部门的工作。政治处则主要负责政治工作，院务处则专注于后勤保障。各部门协同合作，共同为医院的总体工作提供支持。

医院行政岗位的职责多样且重要。在院长的领导下，行政人员需要协助分管医院的行政、信息、后勤工作，并协调各相关后勤科室和部门。他们还需要深入各科室，了解临床需求，推动行政后勤部门的工作，确保医院的医疗业务得以顺利开展。

此外，行政人员还需不断探索新的行政、后勤服务领域，提升服务质量，加强医院物业管理、餐饮管理、工程管理及库房管理等方面的制度建设和监督。他们还需协助管理医院的物价、财务、设备采购和维护等工作，并积极参与医院的基建和安全保卫工作。

总之，医院行政岗位的职责繁重且关键，他们的工作对医院的正常运转和医疗服务质量的提升具有重要意义。同时，他们还需要根据院长的指示，完成各种临时性和委托性的工作，为医院的全面发展贡献自己的力量。

医疗销售

如果你希望在医疗领域从事销售工作，那么医疗销售可能是一个不错的选择。可以选择医疗器械、医疗软件、药品等相关行业，这些行业可以发挥个人专业知识和技能，为医院和患者提供高质量的产品和服务。在医院的工作经验可以帮助从业者更好地理解医疗行业的运作，是从事销售工作的宝贵资源。倘若具备优秀的沟通技巧和较高的情商，那么将更有优势。

需要注意的是，医疗销售行业具有一定的挑战性和压力，需要付出更多的努力和时间来开拓市场和维护客户关系。

医疗销售相关的岗位及职责：

1. 医药代表/医药信息专员

（1）OTC（over-the-counter drug）代表

OTC 指非处方药。OTC 代表是负责药品推广和宣传的市场促销人员，主要针对医院临床医、药人员和医药商业渠道人员促销产品，需要具备专业的医学知识和促销技巧。促销对象具有较高的文化知识层次，严谨的科学态度，并在药品消费中起主导作用。OTC 代表的基本工作方式是组织各种形式的产品推广会并授课，同时面对面拜访临床医、药人员。

（2）临床销售代表

· 负责公司医学检验业务的知识营销工作；

· 负责与客户（医院）进行沟通，建立和维护合作关系；

· 推广公司的检验项目，与临床医生建立良好的关系；

· 负责工作区域的市场调查，做好信息分析；

· 负责业务回款工作。

（3）医药招商

利用社会资源开展医药招商，提供药品和服务。通过建立稳定的伙伴关系，实现优势互补、风险共担、利益共享的战略，最终占领和把控终端资源，创造更大利益。这种药品流通伙伴联盟关系的构建称为招商，包括通路规划、建设、运行及通路管理等系统工作。

（4）医药学术推广专员

为达到营造有利的学术环境、树立公司的专业性学术形象、推动医学和药学的进步等目的，利用传播专业学术知识的方式推广、宣传所承接的医药产品的相关负责人。

岗位职责：

·通过专业化的推广，将公司优质的产品及信息介绍给医生、代理商和患者，提升公司及产品品牌形象；

·协助制订并完成品牌推广计划，实施并跟进各种品牌推广活动；

·配合对市场销售人员及代理商进行产品知识培训；

·制订市场计划并确保完成各阶段销售与增长目标，关注市场动态，提供分析及改进建议。

（5）第三终端销售

医药行业三终端：

第一终端指的是医院的药品销售；

第二终端指的是药店的药品销售；

第三终端是面向一些城镇居民小区和广大农村的药品销售，如社区和农村的个体诊所、企业和学校的医疗保健室、乡村医生的小药箱、农村供销合作社及个体商店中的常用药品销售小柜等的药品销售。

（6）科研试剂销售

近年来，中国基础科研的快速发展带动了上游实验室试剂需求的高速增长，大量科研试剂随之涌现。以生物试剂为例，据弗若斯特沙利文咨询公司的数据显示，全球科研市场生物试剂预计于2025年达到272亿美元的规模。中国生物试剂科研市场规模自2016年以来，以16.51%的年复合增长率增长至2020年的151亿人民币，并预计于2025年达到346亿人民币的规模。然而，中国实验室试剂行业起步晚，国内企业规模小、产品种类少、行业集中度较低，和跨国公司仍存在较大差距。

科研试剂销售主要是销售国内各种实验试剂的岗位，其工作职责为：

·负责所辖区域相关产品的销售、宣传及市场管理，开拓新用户；

·负责医院、高校客户群体的维护；

·根据上级下达的总体业绩目标，管理所辖区域的月销量和月回款金额；

·分管所辖区域销售队伍的建设和管理，带领团队完成销售任务。

2. 医疗器械销售

（1）医疗设备销售

医疗设备是指单独或者组合使用于人体的仪器、设备、器具、材料或者其他物品，也包括所需要的软件。医疗设备是医疗、科研、教学机构、临床学科工作的最基本要素，既包括专业医疗设备，也包括家用医疗设备。

医疗设备销售人员的岗位职责：

·开发维护所辖区域的客户渠道及客户资源；

·搜集挖掘客户信息、销售机会及客户意向；

·管理客户关系，完成销售任务，定期完成量化的工作要求；

·不断完善所辖市场区域内的客户、市场竞争等信息数据的建立及积累；

·配合其他工作人员做好市场活动及产品推广会的相关工作。

（2）医用耗材销售

医用耗材是用于诊断、治疗、保健、康复等的消耗性器件设备，如输液器、绷带、止血钳、医用圆规等。现阶段国内对医用耗材没有统一分类标准。

医用耗材销售人员的岗位职责：

·负责辖区内招商工作；

- 负责发展新代理商，签订代理协议；
- 按时完成经销商回款任务；
- 负责辖区内分销渠道管理，完成渠道的销售任务；
- 负责渠道客户问题的收集、反馈、解决。

（3）IVD（in vitro diagnostic products）销售

IVD 是指体外诊断产品。IVD 作为医疗器械的分支，有特定的界定和法规监管，主要包括用于体外诊断的仪器、试剂或系统。

IVD 销售人员的岗位职责：

- 三类 IVD 的推广销售，完成业绩目标；
- 收集行业渠道信息，对市场计划提出调整建议；
- 进行销售分析，对销售情况提出建设性意见。

3. 药店 / 医美

（1）执业药师 / 驻店药师 / 药店店长 / 药店店员 / 营业员

执业药师是负责提供药物知识和指导的专业人员，他们在药店中扮演着非常重要的角色。执业药师需要具备丰富的药学知识和技能，并且需要通过严格的考试获得执业资格。

驻店药师是在药店中提供药学服务的专业人员，他们负责为顾客提供药物咨询、用药指导等服务。驻店药师需要具备一定的药学知识和技能。

药店店长是药店日常运营和管理的负责人，需要具备丰富的药店管理经验和领导能力。药店店长需要协调和管理店员、药师等其他工作人员，确保药店的正常运营。

药店店员的职责较广泛，包括销售、收银、库存管理、客户服务等，需要具备一定的药学知识和技能，并且需要热情、耐心地服务顾客。

营业员是负责销售药品和提供基本药学服务的员工，需要了解药品的基本知识和销售技巧，拥有良好的服务态度。

（2）医美咨询/销售

医美咨询是负责为顾客提供医美服务和咨询的专业人员，他们需要了解各种医美项目的基本知识和技术，能够根据顾客的需求和肤质制定合适的医美方案。

医美销售是负责向顾客推销医美服务和产品的销售人员，他们需要了解顾客的需求和心理，具备优秀的销售技巧和沟通能力，能够为顾客提供专业的建议和服务。

临床试验领域

临床试验指任何在人体（患者或健康志愿者）进行的药物系统性研究，以证实或揭示试验药物的作用、不良反应及试验药物的吸收、分布、代谢和排泄状况，目的是确定试验药物的疗效与安全性。

临床试验领域的人才缺口较大。在这个领域工作，前期可能会比较辛苦，但到了中后期就有机会升职。临床试验的职位种类繁多，如临床监查员 CRA（clinical research associate）、临床研究协调员 CRC（clinical research coordinator）、药物警戒 PV（pharmacovigilance）、临床试验助理 CTA（clinical trial assistant）、临床试验启动专员 SSU（study start up）、临床数据管理 CDM（clinical data management）等。在不同的工作岗位，工作人员可根据自身兴趣和能力着重培养自己的专业特长。临床试验领域需要具备较强的组织协调能力、团队合作精神和责任心，同时还需要具备一定的医学知识和技能。在这个领域中，从业者有机会参与最新的医疗技术和治疗方法的研究和应用，为人类的健康事业做出贡献。

1. 临床监查员

临床监查员主要负责组织相关项目的临床监查，并负责制订相关项目的临床监查实施计划。临床监查员需要掌握临床医学、卫生统计学、药学等方面的知识，持有GCP[1]证书，拥有丰富的临床试验工作经验，具备较强的对外沟通协调能力和语言表达能力。

临床监查员具体工作职责为：

·筛选受试医院；

·监测各期临床试验；

·按照要求监查相关资料；

·向申办者报告试验数据和结果。

2. 临床研究协调员

临床研究协调员是指经主要研究者授权，在临床试验中协助研究者进行非医学判断的相关事务性工作，是临床试验的参与者、协调者。

临床研究协调员的主要工作职责为：

·协助研究者完成伦理资料递交、临床试验机构备案资料递交等工作；

·协助研究者及时完成SAE[2]相关安全报告；

·协助研究者填写病例报告表，完成试验各个阶段研究中心的文档收集、整理、归档工作；

·协助研究者完成受试者筛选、入组、随访等工作，包括受试者招募、

---

[1] GCP是good clinical practice的缩写，指药物临床试验质量管理规范。
[2] SAE是serious adverse event的缩写，指药物临床研究中发生的难以处理的不良事件。

筛选潜在的受试者、安排受试者访视、安排实验室检查、获取检查结果等；

·协助研究者完成临床研究药物或器械及其相关物资的管理，包括接收、保存、分发、回收和归还，并完成相关记录；

·协助 CRA 的监查工作，提前准备各种文档供 CRA 监查，及时全面地向 CRA 汇报研究中心进展情况；

·协助 CRA、研究者及时完成数据答疑；

·协助研究者进行临床试验管理及相关日常工作。

3. 药物警戒

药物警戒是发现、评价、理解和预防不良反应或其他任何可能与药物有关的问题的科学研究与活动。药物警戒专员的具体工作包括以下几方面：

·早期发现未知药品的不良反应及其相互作用；

·发现已知药品的不良反应的增长趋势；

·分析药品不良反应的风险因素和可能的机制；

·对风险、效益评价进行定量分析，发布相关信息，促进药品监督管理和指导临床用药。

4. 临床试验助理

临床试验助理为临床试验的顺利进行提供重要的辅助性工作。要求英语好，兼具医药背景及文秘类工作经验，学历要求相对较低，无须经常出差。

5. 临床试验启动专员

临床试验启动专员的工作内容与临床监查员的工作前半段重合，区别在于临床试验启动专员只负责项目启动（机构开启动会）之前的内容。工作地点在公司或医院，一般不需要出差，通常一个人负责特定医院，偶尔会陪同研究者去参加研究者会，目前工作岗位在北京、上海和省会城市的比较多。

6. 临床数据管理

临床数据管理是临床研究中的一个关键过程，它能从临床试验中生成高质量、可靠和有统计学意义的数据，确保以适当的质量和成本收集、整合、提供数据。

医院管理咨询

医科大学管理类学生在考虑未来职业路径时，医院管理咨询工作是一个值得探索的方向。这项工作主要聚焦于为医院提供专业的咨询服务，通过优化管理流程、提升服务质量和降低成本，助力医院实现高效运营。想胜任这一岗位，不仅需要出色的沟通、分析和解决问题的能力，还需具备扎实的医学知识和丰富的实践经验。在医院管理咨询岗位上，你将深度参与到医院的运营和管理中，凭借自身的知识和经验为医院的持续改进和长远发展贡献智慧。

当前，随着医疗服务市场的不断发展，医院管理咨询行业也呈现出蓬勃生机。众多咨询公司纷纷涌现，服务类型各具特色，涵盖了医院信息化咨询、管理咨询、建设规划咨询以及专业管理咨询等多个领域。其中，医院信息化咨询服务因其在提升医院管理效率和服务质量方面的显著作用，市场规模持续扩大。

医院管理咨询的内容丰富多样，根据医院面临的实际问题和需求，咨询工作可以细分为以下几个主要方面：

1. 医院战略发展咨询

战略发展是医院长期规划和成功经营的关键。咨询顾问需深入分析医院所处的市场环境、竞争态势及内部资源，协助医院制定既具前瞻性又切实可行的战略方案。这些方案旨在指导医院在市场竞争中保持优势，不断寻找新的业务增长点，并为患者提供更优质的价值。

2. 医院人力资源管理咨询

人力资源是医院的核心竞争力。咨询工作旨在帮助医院建立科学、高效的人力资源管理体系，包括绩效体系设计、薪酬体系优化、员工职业生涯规划及人力资源规划等。通过这些措施，医院能够激发员工的积极性和创造力，为医院的持续发展提供有力支持。

3. 医院企业文化咨询

企业文化是医院发展的灵魂。咨询顾问将协助医院梳理和提炼核心价值观，构建具有特色的企业文化体系。这将有助于在医院内部形成共同的信仰和行动准则，提升员工的凝聚力和归属感，促进医院的和谐稳定发展。

4. 医院营销咨询

市场营销是医院拓展业务、提升品牌影响力的重要手段。咨询工作将围绕市场分析、竞争策略、产品推广等方面展开，帮助医院制定有效的营销策略，提高市场份额和患者满意度。

5. 医院运营咨询

医院运营管理的优劣直接关系到患者的就医体验和医院的运营效率。咨询工作将针对医院的经营分析、运营流程、设备管理、物料管理等方面进行深入研究，提出优化建议，帮助医院实现更高效、更顺畅的运营。

总的来说，对有志于从事这一行业的医科大学管理类学生来说，不断提升自身的专业素养和实践能力，将为未来的职业发展奠定坚实的基础。

原卫生部直属高校

在中国高校中有 11 所医科大学是原卫生部直属高校，它们分别是北京协和医学院、北京医科大学、中国医科大学、华西医科大学、上海医科大学、中山医科大学、同济医科大学、白求恩医科大学、湖南医科大学、西安医科大学和山东医科大学。

如今只有北京协和医学院和中国医科大学还在坚持独立办学，其余 9 所医科大学均已并入"985"高校，成为"985"大学的相关二级学院，业内对这几所学校培养出来的临床医学生实力认可度很高。

北京协和医学院

北京协和医学院正式成立于 1917 年，先后更名为中国医科大学、中国首都医科大学和中国协和医科大学，2006 年定名为北京协和医学院。北京协和医学院是"双一流"建设高校，也是全国重点大学。

在 2022 年软科全国医药类大学排名中，北京协和医学院位居第一，其中生物学、药学是国家一级重点学科。在全国第四轮学科评估中，北京协和医学院的基础医学、药学被评为 A+。

北京医科大学——北京大学医学部

2000 年 4 月 3 日，北京医科大学与北京大学正式合并，组建新的北京大学。2000 年 5 月 4 日，北京医科大学正式更名为北京大学医学部。

北京大学医学部设有 5 个学院、6 家直属附属医院、4 家共建医院和 11 家教学医院。口腔医学、药学、生物学是国家一级重点学科。在全国第四轮学科评估中，北京大学医学部的基础医学、口腔医学被评为 A+，临床医学、公共卫生与预防医学被评为 A-，护理学被评为 B+，中西医结合被评为 B。

中国医科大学

中国医科大学位于辽宁省沈阳市，前身为 1931 年创建于江西瑞金的中国工农红军军医学校，1940 年正式更名为中国医科大学，2000 年改为省部共建学校。

在 2022 年软科全国医药类大学排名中，中国医科大学位居第五。中国医科大学有劳动卫生与环境卫生学、内科学（内分泌与代谢病）、内科学（呼吸系病）、外科学（普外）、皮肤病与性病学五个国家重点学科。在全国第四轮学科评估中，中国医科大学的临床医学被评为 B+，生物学、基础医学和口腔医学被评为 B。

华西医科大学——四川大学华西医学中心

四川大学华西医学中心始于 1910 年美国、英国、加拿大的 5 个基督教会组织在成都创办的华西协合大学，是我国最早的医学综合性大学，也是我国现代高等医学教育的发源地之一。2000 年 9 月，四川大学与华西医科大学实现强强合并，组建新四川大学，并成立四川大学华西医学中心。

四川大学华西医学中心的口腔医学为国家一级重点学科。在全国第四轮学科评估中，四川大学华西医学中心的口腔医学被评为 A+，临床医学、护理学和生物医学工程被评为 A-。

上海医科大学——复旦大学上海医学院

复旦大学上海医学院创建于 1927 年，创立时名为国立第四中山大学医学院，是中国人创办的第一所国立大学医学院。1932 年，独立为国立上海医学院。1952 年，更名为上海第一医学院。1985 年，更名为上海医科大学。2000 年，上海医科大学和复旦大学合并办学，组建成为新的复旦大学。2012 年，新的上海医学院成立。

复旦大学上海医学院的生物学、基础医学、中西医结合为国家一级重点学科，基础医学、临床医学、药学、中西医结合进入了国家"双一流"建设学科。在全国第四轮学科评估中，基础医学、临床医学被评为 A。

中山医科大学——中山大学

如今的中山大学，由 1952 年院系调整后分设的中山大学和中山医科大学于2001年10月合并而成。通过部省共建，在国家、地方和社会的大力支持下，中山大学成为一所国内一流、国际知名的现代综合性大学。

中山大学有附属医院10家，其中7家为综合性医院，3家为专科医院，构成了门类齐全、设备先进、实力雄厚、优势互补的医疗救治服务网络体系。在全国第四轮学科评估中，中山大学的基础医学、临床医学和药学被评为A-。

同济医科大学——华中科技大学同济医学院

华中科技大学同济医学院前身为创办于1907年的德文医学堂，后发展成为国立同济大学医学院。自1951年起，因全国高校院系调整，同济大学医学院及其附属医院整体逐步从上海迁至武汉，与武汉大学医学院合并，组建中南同济医学院。1955年8月，中南同济医学院更名为武汉医学院。1985年更名为同济医科大学。2000年5月26日，同济医科大学与华中理工大学、武汉城市建设学院合并，更名为华中科技大学同济医学院。

华中科技大学同济医学院目前拥有国家重点学科9个、国家重点（培育）学科5个。在全国第四轮学科评估中，华中科技大学同济医学院的公共卫生与预防医学被评为A+，临床医学被评为A-。

白求恩医科大学——吉林大学白求恩医学部

吉林大学白求恩医学部的前身是创建于1939年9月的晋察冀军区卫生学校。1940年1月，为了学习和纪念白求恩，更名为白求恩学校。1946年6月，白求恩学校与张家口医学院合并，命名为白求恩医科大学，后又历经多次合并，1954年迁至长春。2000年，白求恩医科大学与原吉林大学、吉林工业大学、长春科技大学、长春邮电学院合并成为新的吉林大学。

吉林大学白求恩医学部拥有13个国家级科研机构，1个"双一流"学科，1个国家二级重点学科。在全国第四轮学科评估中，其基础医学、临床医学和药学被评为B。

湖南医科大学——中南大学湘雅医学院

中南大学湘雅医学院前身是创办于1914年的湘雅医学专门学校，历经私立湘雅医学院、国立湘雅医学院、湖南医科大学等阶段。2000年4月，中南工业大学、长沙铁道学院与湖南医科大学合并为中南大学，并组建中南大学湘雅医学院；自11月起，更名为中南大学湘雅医学院。

中南大学湘雅医学院拥有8个国家重点学科，1个国家重点(培育)学科，80个国家临床重点专科及建设项目，6个医学学科ESI（基本科学指标）排名居全球前1%。在全国第四轮学科评估中，其护理学被评为A+，临床医学被评为A-，基础医学被评为B+。

西安医科大学——西安交通大学医学部

西安交通大学医学部前身是成立于1912年的国立北京医学专门学校，1985年更名为西安医科大学。2000年4月，西安医科大学与西安交通大学、陕西财经学院合并，更名为西安交通大学医学院，2012年6月组建西安交通大学医学部。

西安交通大学医学部的生理学、法医学、泌尿外科、皮肤病与性病学为国家重点学科。在全国第四轮学科评估中，其基础医学和临床医学被评为 B。

山东医科大学——山东大学齐鲁医学院

山东大学齐鲁医学院历史可追溯至 1864 年创办于山东登州的文会馆。1911 年，共和医道学堂大讲堂在济南正式落成，其后的齐鲁大学医学院是中国最早建立的医学院校之一。1952 年由齐鲁大学医学院、山东省立医学院、华东白求恩医学院合并成立山东医学院。1985 年山东医学院更名为山东医科大学。2000 年 7 月，原山东大学、山东医科大学、山东工业大学合并组建为新的山东大学。2012 年 5 月，山东大学整合多方资源成立齐鲁医学部。2017 年 9 月，山东大学齐鲁医学部更名为山东大学齐鲁医学院。

在全国第四轮学科评估中，山东大学齐鲁医学院的基础医学、护理学和临床医学被评为 B+，口腔医学和公共卫生与预防医学被评为 B。

总结

医生是一个备受尊敬和有意义的职业，但是也会面临很多挑战和困难。

医学专业学习周期长，学费较高。如果是家境一般，需要孩子尽快就业的家庭，一般不太建议学生学医，可以考虑选择其他理工类专业。

医学具有一定的地域性，讲究传承，非顶尖高校临床医学的毕业生在将来就业及生活的选择上具有一定的限制。

专科学历的临床医学毕业生需要升至本科之后才可考研，而且本科临床医学就业面很窄，只能去一些偏远地区、乡镇诊所，才可能有就业机会。所以一般情况下，建议专科选择口腔医学，就业形势较为乐观。

全科医生的考研局限性很大，目前就业情况也一般，需要到乡镇、社区等诊所，学习内容广，往往会导致学得不精，但一些高级社区的全科医生待遇也很不错。

因此，想要成为一名医生需要付出巨大的努力。但是，如果你真的热爱医学，想要帮助他人并且具备足够的毅力和专业精神，那么学医将会是一个非常值得的选择。

第三章

部队

钢铁意志保家国

导言

随着我国综合国力的日渐强大,越来越多的热血青年渴望体验充满壮志豪情的军旅生活,更希望自己能够真真切切地为同胞、为国家做出贡献。

除了强健的身体素质和丰富的军事技能外,部队生活给人带来的最大改变就是思想意志的磨炼。经受过部队生活历练的青年人,都有着极强的纪律性、责任感和意志力,而这些宝贵的品质,无论对未来的工作还是生活都将大有裨益。

同时,从客观条件来看,进部队也意味着稳定、明确的职业发展路径以及优厚的社会保障和福利待遇。这样看上去,参军完全可以称得上一举两得的明智选择。

因此,本章将引导大家一起全面细致地了解有关学生进部队的方方面面,助力有意向的考生从容自信地实现"军营梦"。

关于军籍

获得军籍的方式

第一，大学期间成为义务兵。

第二，本科阶段通过提前批次录取进入军校。

第三，研究生阶段考入军校（看专业）。

本科就读军校有军籍和无军籍的区别

1. 招生对象不同

军籍生：招收普通高中应届和往届毕业生，属于本科提前批次。

非军籍生：本科第一批录取院校中报考相关院校的普通高中应届生。

2. 待遇不同

军籍生：免交学费，统一发放军装，佩戴学员肩章；按照军校学员伙食标准供给，免交伙食费；享受公费医疗，在校期间的全部医疗费用由军校承担；每月发放津贴费，具体费用随着学习年限增加而递增；取得学籍的学员，从入学时间起计算军龄；每学年按学员标准报销一次往返车（船）费。

非军籍生：不享受军人学员相关待遇，参照普通高校同类专业进行培养。需每年缴纳学费，以中国人民解放军海军军医大学非军籍生为例，学校按照教育部有关规定及上海市物价局核定的标准收取学费和住宿费。毕业后不入伍，面向社会自主就业。

3. 体检标准不同

军籍生：体检严格按照《军队院校招收学员体格检查标准》执行。

非军籍生：体检标准按照教育部、原卫生部、中国残疾人联合会印发的《普通高等学校招生体检工作指导意见》执行。

4. 招生限制

军籍生：招生专业区分男女，具体比例按上级部门当年下达的招生计划执行。

非军籍生：各招生专业无男女生比例限制。

5. 录取程序不同

军籍生：需参加当地省军区组织的政审、面试、体检和职业基本适应性检测，且结论均为合格。

非军籍生：政治面貌须为共青团员或中共党员，无须参加当地省军区组织的政审、面试、体检和职业基本适应性检测，身体条件以高考统一体检结论为参考依据（注意：体检标准和普通高校一致，不做特殊要求）。入校后，学校将根据招生章程统一组织新生复审复查。

指挥类与非指挥类

在面向考生招录时,相同的专业后面会标注指挥类与非指挥类,它们的区别主要有以下几点。

1. 培养目的不同

军校指挥类专业主要是为军队培养基层指挥军官,以步兵、炮兵、工兵、防化等兵种学员为主。学员毕业后,绝大多数都是分配到各战区、各军种部队的基层单位担任排长、连长、指导员、参谋等职,本科毕业时授予少尉军衔,研究生毕业取得硕士、博士学位的,分别晋升为中尉、上尉军衔。

军校非指挥类专业通常被称为技术专业,主要为军队培养初级专业技术人员。比如,军医、军械、通信、计算机、军事交通等专业,学员毕业后,基本上分配到科研院所、军事院校、部队医疗单位、部队技术保障部门,身份为专业技术军官或军队文职干部,本科毕业时授予少尉军衔,研究生毕业取得硕士、博士学位的,分别晋升为中尉、上尉军衔。

2. 培养要求不同

指挥类专业学员的训练强度是非指挥类无法比拟的。指挥类专业对学员的身体素质、个人能力、政治素养等方面都提出了较高的要求。学员不仅要了解基本武器和装备的使用,还要知道怎么带兵、怎么管理、怎么指挥。而非指挥类专业学员需要具备扎实的文化基础和较强的科研能力。

3. 发展前途不同

指挥类军官群体呈现金字塔状,越往上升难度越大,淘汰率也越高,很难保证能够在部队长期发展。简言之,初期晋升较快,但晋升的空间有限,很难在部队长久发展。而非指挥类专业人员则恰恰相反,多数从事业务工作,此类人员流动较慢,除非有重大贡献,一般难以获得提前晋升的机会,只能按有关规定正常晋升。所以,初期晋升可能会比较慢,但晋升的空间相对较大,而且在部队发展的时间也相对较长。

工作强度

部队的日常生活因军种、岗位和任务而有所不同,一般包括以下三个方面。

训练

部队的日常生活主要围绕训练展开,包括体能训练、战术训练、武器装备操作训练等,这些训练旨在提高士兵的战斗力以及应对各种情况的能力。

工作任务

如巡逻、警戒、执勤、演习等,这些任务需要士兵长时间保持警惕。

培训和学习

部队会组织各种培训和学习活动,包括军事理论学习、技能培训、军事法规学习等，以提高士兵的专业素养和知识水平。

关于是否辛苦以及工作强度如何，这是一个相对而言的问题。部队的工作环境和任务性质决定了其工作强度会比较高，要求士兵具备较强的体能素质和心理素质。部队的工作时间可能会比较长，工作任务可能带有一定的压力和挑战。但同时，部队也会提供相应的保障和关怀，确保士兵的身体和心理健康。此外，部队的工作也具有使命感和荣誉感，对志愿入伍的人来说，这些因素也会成为他们选择部队生活的重要原因之一。总体而言，部队的日常生活可能较辛苦且工作强度较高，但也充满了挑战，对热爱军事生活、向往军人职业的人来说，具备一定吸引力。

服役区域不同带来的差异

入伍地选择

关于入伍地，在校/应届大学生有三个选择：一是户籍所在地；二是学校所在地；三是常住地（取得居住证三年以上）。高中毕业生和高校新生只能选择户籍所在地入伍（少数情况下可以在高校所在地入伍）。

根据2014年颁发的《征兵政治考核工作规定》，已被普通高等学校录取的新生在学校所在地应征的，由入学前户籍所在地或者经常居住地的县（市、区）人民政府征兵办公室及其政治考核组负责对其政治考核。从这条规定可知，高校新生是可以在学校所在地入伍的。但实际操作中，高校新生原则上还是在入学前户籍所在地入伍，一些省市就明确规定"高校新生在入学前户籍所在地应征"。如果确实想从大学入伍，先要询问高校和户籍所在地是否允许在高校报名。

以下是选择学校所在地入伍与户籍所在地入伍的优劣势，仅供参考。

1. 选择学校所在地入伍

优势：征兵名额多，兵种选择多。

劣势：报名人数多，竞争大。

2. 选择户籍所在地入伍

优势：报名人数少，竞争小，符合条件的话基本能去。

劣势：征兵名额少，兵种选择少，特别是女兵。

不同服役区域的政策差异

部队政策以及学校的保留学籍、学费减免、转专业、考研专升本政策都差不多，主要是地方政策不同。

以下是选择学校所在地入伍与户籍所在地入伍在政策上的区别，仅供参考。

1. 选择学校所在地入伍

高校所在地为了留住人才，可能有退伍后落户本地的政策，比如北京的本科生。另外，在学校以大学生身份入伍的话，视力、年龄等体检标准会适度放宽。在有些地方，视力矫正手术费用可以部分报销，体检政审的差旅费也可以报销。此外还有"四大优先"，即优先报名应征、优先体检政审、优先审批定兵、优先安排使用。

2. 选择户籍所在地入伍

同样为了留住人才，有些地方会给退伍大学生安置工作或者定向招录，相应政策也是比较吸引人的。

不同服役区域的优待金差异

服役时间一样，退伍费不一样，主要是入伍地发放的优待金不同。优待金依据入伍地（由区/县政府财政收入发放）人均可支配GDP的N倍发放，各地GDP不一样，倍数也不一样，因此大城市和小县城的优待金存在巨大差异。

江苏省苏州市吴江区退役军人事务局在2023年5月16日发布的解读《关于调整义务兵等人员家庭优待金和奖励金标准的通知》中说明，义务兵服现役期间，按照本区上年度城镇居民人均可支配收入的45%的标准发放义务兵家庭优待金，苏州2023年义务兵家庭优待金标准为35692元。

1. 学校所在地

大学一般都位于省会或者大中型城市，GDP自然较高，优待金也就更高。

2. 户籍所在地

一些经济较发达的地方，除了当地的优待金之外，还会有村/居委会提供的大额奖励。

从服役时间来看，怎么选择兵种

服役两年

单位推荐：首选大单位，比如战区直属或者省军区、大城市的驻扎部队等，这样可以极大地增长见识；其次是偏远地区，比如新疆、西藏、东北地区等，一方面是给的钱多，另一方面是能够提高自身的抗压能力；最后是集团军以及其他地区。

兵种推荐：服役两年基本上都是锻炼，学习一些"皮毛"，难以接触到真正的关键技术，所以武警、陆海空、战略支援部队、火箭军均可。

长期服役

单位推荐：首选离家近的地方，不管是什么兵种，离家近都是优势，因为服役结束之后能够更多地享受当地政策，还可以照顾到个人家庭。其次，选择大单位和城市驻扎的部队，退役后可以在大城市扎根，配偶的工作和孩子的教育都能够得到很好的安置。最后，选择一些集团军，最好在相对来说不那么偏远的地方。如果家庭状况需要高收入，那就直接选择边陲或偏远地区，收入会非常高，但是高收入的背后也意味着更多的艰辛。

兵种推荐：首选直属部队、战略支援部队、后勤保障等大单位，能极大地增长见识，往往两年之后干的活也比较轻松，大都是在一些中枢机关；另外，如果属于通信兵，相对来说有点技术的话可以更好地留队。其次是海军，出海的补贴会高一点，而且海军的人数本身就比较少，更容易留队。

再次是陆军和武警，这两者的特征都是人数多，训练也比较多；空军亦可，但是具体也要看属于地勤兵还是空降兵等。最后着重说一下火箭军，其驻地往往都是在大山深处，对未来个人家庭来说会存在较多问题，但是有一个非常明显的好处——如果个人技术水平较高，留队的概率就会大一些，适合长期发展。

军校毕业后的就业安置——学生毕业后部队会怎么安排

指挥类专业——军事指挥岗位
（高考选科要求为政治，属于管理岗）

如果从军校毕业后打算直接考研，一大好消息是根据截至2023年11月16日已发布的军校研究生招生简章，部分院校从2024年度开始将放开指挥类应届生考研。具体情况需要参考报考年度目标院校研招办的具体招生要求。

非指挥类专业——专业技术岗位
（高考选科要求一般为物理、化学，从事科研、研发等工作）

非指挥类生长军官（以提前批次非指挥类专业进入军校的考生）可以直接考研，普通批次考研后有军籍。例如，普通批次进入国防科技大学（全称"中国人民解放军国防科技大学")没有军籍，但是考到国防科技大学的研究生就可以有军籍，一般来说是专硕，学硕较少。

转业（退役）后

这种情况，一般会有两种去向。

一是事业编安置。各地政府或者企事业单位同部队合作，安排岗位，一般比较清闲。

二是自主择业。国家会提供退役金，金额根据服役时间和级别决定，目前十分可观。

报考军校（27所）——孩子可以报名哪些学校[1]

全国共有44所军校，但是面向高中生招生的只有27所，其中"985"一所（国防科技大学）、"211"两所（空军军医大学、海军军医大学）。

面向普通高中生招生的军委直属的院校

国防科技大学，位于湖南长沙，源于中国人民解放军军事工程学院，即"哈军工"。1978年6月，由长沙工学院整合更名而来。2017年军改，在

---

[1] 为方便叙述，文中所列军校均省略前缀"中国人民解放军"，武警部队院校前缀"中国人民武装警察部队"简称为"武警"。

国防科学技术大学、国院关系学院、国防信息学院、西安通信学院、电子工程学院、理工大学气象海洋学院的基础上进行了整合，实力进一步提升。

面向普通高中生招生的各兵种院校

陆军兵种，共10所，分别为陆军工程大学（江苏南京）、陆军步兵学院（江西南昌）、陆军装甲兵学院（北京）、陆军炮兵防空兵学院（安徽合肥）、陆军特种作战学院（广西桂林）、陆军边海防学院（陕西西安）、陆军防化学院（北京）、陆军军医大学（第三军医大学，重庆）、陆军军事交通学院（天津）、陆军勤务学院（重庆）。

海军兵种，共5所，分别为海军工程大学（湖北武汉）、海军大连舰艇学院（辽宁大连）、海军潜艇学院（山东青岛）、海军航空大学（山东烟台）、海军军医大学（第二军医大学，上海）。

空军兵种，共4所，分别为空军工程大学（陕西西安）、空军航空大学（吉林长春）、空军预警学院（湖北武汉）、空军军医大学（第四军医大学，陕西西安）。

火箭军兵种，1所，火箭军工程大学（陕西西安）。

战略支援部队，共2所，分别为战略支援部队航天工程大学（以原装备学院为基础筹建，北京）、战略支援部队信息工程大学（以原信息工程大学、解放军外国语学院为基础筹建，河南郑州）。

面向普通高中生招生的武警部队院校

共4所，分别为武警工程大学（陕西西安）、武警警官学院（四川成都）、武警特种警察学院（北京）、武警海警学院（浙江宁波）。

注意：2023年共有国防科技大学、陆军工程大学等20余所院校面向普通高中毕业生和士兵招生，但还有些军队院校高考招收无军籍学员，这类学员虽然读的是军校，但并不是军人。

报名方式

应征义务兵（大专/本科期间）

报考流程：网上报名→初审初检→体检政审→走访调查→役前教育→预定新兵→张榜公示。

报名网址：全国征兵网。

发展方向：一是选改军士，义务兵服现役期满，根据军队需要和本人意愿，经批准可以选改为军士；二是服现役期间表现特别优秀的，经批准可以提前选改为军士；三是义务兵可以通过提干、报考或保送军校等方式成为一名军官。

报考定向培养军士（大专）

报考流程：填报志愿→体检→政审和面试→网上录取。

定向培养军士学制3年，属统招全日制大专学历。前2.5学年的全部课程由高校负责，招收部队根据需要对接指导教学；后 0.5 学年为入伍实习期，由部队负责，实习完成后由高校办理毕业手续。定向培养军士入伍实习结束后，由所在部队按照招收军士首次授予军士军衔级别有关规定，确定其军衔级别，授予军士军衔，走军士发展道路。

定向培养军士院校招生专业均有性别区分，凡未注明招收女生的专业均只招收男生，错填将被视为无效志愿。

注意：定向培养军士不是军人，是依托普通高等学校定向培养，毕业后直接补充到部队相应专业技术军士岗位服役的全日制高校学生。

报考军校（本科）

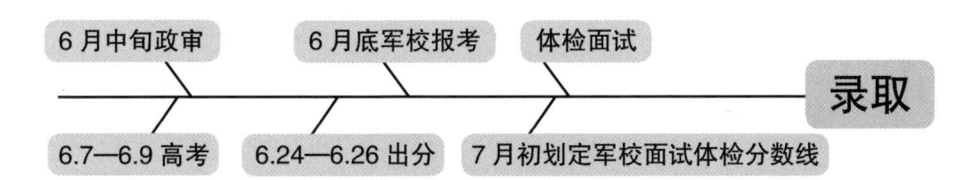

- 6月中旬政审
- 6.7—6.9 高考
- 6月底军校报考
- 6.24—6.26 出分
- 体检面试
- 7月初划定军校面试体检分数线
- 录取

以上是正常提前批次进入军校的流程，除此之外，还有两种特殊渠道可进入军校。

1. 部队招飞

海军以及空军也会面向高中生招生，录取后按照飞行员的标准培养。

报名时间一般是每年 10 月、11 月（高三第一学期）。一般来说成绩达到一本线以上即可。可以去"中国空军招飞网"以及"中国海军招飞网"查看具体信息以及报名。

空军航空大学和海军航空大学有两种培养模式：一是四年一贯制；二是"3+1"军地联合培养，只有清华大学、北京大学、北京航空航天大学有此资质，毕业后会有两所学校的毕业证，分数线也较高。

2. 军医大学（海军军医大学、空军军医大学、陆军军医大学）

以军校生身份升入军医大学（提前批次），一般来说优先满足部队的医疗需求，毕业生基本会去连队当军医；以高考生身份升入军医大学（普通批次），毕业后可以自主择业。

以下为陆军军医大学、海军军医大学、空军军医大学 2022 年生长军官本科招生计划，涉及专业、学制、学历、性别、语种要求、体检标准等，仅供家长和考生参考，具体计划以报考当年为准。

陆军军医大学2022年生长军官学员招生计划

院校代码	院校名称	专业名称（招考方向）	学制	学历	性别	文理科	外语语种	划线类别	专业类别	体检标准	选考科目 3+3	选考科目 3+1+2	合计
91012	陆军军医大学	临床医学（高级临床医师）	八年	本科	男	理科	英语	—	非指	医疗专业合格	5&6	5&6	20
		临床医学（高级临床医师）	八年	本科	女	理科	英语	—	非指	医疗专业合格	5&6	5&6	5
		临床医学（临床心理医师）	五年	本科	男	理科	英语	—	非指	医疗专业合格	5&6	5&6	8
		临床医学（临床心理医师）	五年	本科	女	理科	英语	—	非指	医疗专业合格	5&6	5&6	2
		临床医学（临床医疗通科医师）	五年	本科	男	理科	英语	—	非指	医疗专业合格	5&6	5&6	172
		临床医学（临床医疗通科医师）	五年	本科	女	理科	英语	—	非指	医疗专业合格	5&6	5&6	24
		预防医学（预防医师和研究人员）	八年	本科	男	理科	英语	—	非指	医疗专业合格	5&6	5&6	8
		预防医学（预防医师和研究人员）	八年	本科	女	理科	英语	—	非指	医疗专业合格	5&6	5&6	2
		公共事业管理（医疗卫生事业管理干部）	四年	本科	男	理科	英语	—	指挥	医疗专业合格	999	999	9
		公共事业管理（医疗卫生事业管理干部）	四年	本科	女	理科	英语	—	指挥	医疗专业合格	999	999	2
		小计											252

选考科目说明

1-思想政治；2-历史；3-地理；4-物理；5-化学；6-生物；7-技术（含通用技术和信息技术，仅浙江）；999-不限

选考"3+1+2"模式，首选科目要求根据"文理科"确定，文科首选科目为历史，理科首选科目为物理。选考科目要求仅一门的，考生必须选考该科目方可报考。选考科目要求两门以上的，用&符号连接的，考生均须选考方可报考；无&符号连接的，考生选考其中一门即可报考。

海军军医大学 2022 年生长军官学员招生计划

院校代码	院校名称	专业名称（招考方向）	学制	学历	性别	文理科	外语语种	划线类别	专业类别	体检标准	选考科目 3+3	选考科目 3+1+2	合计
91020	海军军医大学	临床医学（高级临床医师）	八年	本科	男	理科	英语	—	非指	医疗专业合格	5&6	5or6	21
		临床医学（高级临床医师）	八年	本科	女	理科	英语	—	非指	医疗专业合格	5&6	5or6	9
		临床医学（临床医疗通科医师）	五年	本科	男	理科	英语	—	非指	医疗专业合格	5&6	5or6	130
		临床医学（临床医疗通科医师）	五年	本科	女	理科	英语	—	非指	医疗专业合格	5&6	5or6	15
		麻醉学（临床麻醉师）	五年	本科	男	理科	英语	—	非指	医疗专业合格	5&6	5or6	8
		麻醉学（临床麻醉师）	五年	本科	女	理科	英语	—	非指	医疗专业合格	5&6	5or6	2
		医学影像学（临床影像医师）	五年	本科	男	理科	英语	—	非指	医疗专业合格	4&6	5or6	8
		医学影像学（临床影像医师）	五年	本科	女	理科	英语	—	非指	医疗专业合格	4&6	5or6	2
		精神医学（临床心理医师）	五年	本科	男	理科	英语	—	非指	医疗专业合格	5&6	5or6	12
		精神医学（临床心理医师）	五年	本科	女	理科	英语	—	非指	医疗专业合格	5&6	5or6	3
		预防医学（公共卫生医师）	五年	本科	男	理科	英语	—	非指	医疗专业合格	5&6	5or6	8
		预防医学（公共卫生医师）	五年	本科	女	理科	英语	—	非指	医疗专业合格	5&6	5or6	2
		公共事业管理（公共事业管理干部）	四年	本科	男	理科	英语	—	指挥	医疗专业合格	999	999	8
		公共事业管理（公共事业管理干部）	四年	本科	女	理科	英语	—	指挥	医疗专业合格	999	999	2
		小计											230

空军军医大学2022年生长军官青年学生招生计划

院校代码	院校名称	专业名称（招考方向）	学制	学历	性别	文理科	外语语种	划线类别	专业类别	体检标准	合计
91030	空军军医大学	临床医学（高级临床医师）	八年	本硕博连读	男	理科	英语	—	非指	医疗专业合格	15
		临床医学（高级临床医师）	八年	本硕博连读	女	理科	英语	—	非指	医疗专业合格	5
		临床医学（航空航天高级临床医师）	八年	本硕博连读	男	理科	英语	—	非指	医疗专业合格	4
		临床医学（航空航天高级临床医师）	八年	本硕博连读	女	理科	英语	—	非指	医疗专业合格	1
		临床医学（临床通科医师）	五年	本科	男	理科	英语	—	非指	医疗专业合格	105
		临床医学（临床通科医师）	五年	本科	女	理科	英语	—	非指	医疗专业合格	15
		临床医学（航空航天医疗通科医师）	五年	本科	男	理科	英语	—	非指	医疗专业合格	45
		临床医学（航空航天医疗通科医师）	五年	本科	女	理科	英语	—	非指	医疗专业合格	8
		临床医学（心理医师）	五年	本科	男	理科	英语	—	非指	医疗专业合格	10
		口腔医学（口腔医学高级临床医师）	八年	本硕博连读	男	理科	英语	—	非指	医疗专业合格	4
		口腔医学（口腔医学高级临床医师）	八年	本硕博连读	女	理科	英语	—	非指	医疗专业合格	1
		口腔医学（口腔医疗通科医师）	五年	本科	男	理科	英语	—	非指	医疗专业合格	8
		口腔医学（口腔医疗通科医师）	五年	本科	女	理科	英语	—	非指	医疗专业合格	2
		预防医学（公共卫生医师）	五年	本科	男	理科	英语	—	非指	医疗专业合格	10
		公共事业管理（卫生管理干部）	四年	本科	男	理科	英语	—	指挥	医疗专业合格	6
		男生									207
		女生									32
		合计									239

第四章 警察

栉风沐雨百姓倚

导言

我们小的时候常听到这样的教导:"在外面如果遇到了困难,就去找警察叔叔。"毫无疑问,对每一位土生土长的中国人而言,"警察"这一职业身份,似乎天然地显现出了独特的温情与坚毅。或许在人们的潜意识里,警察不仅仅是国家公职人员,还作为维护人民公平正义的岗哨,不停歇地在街头巷尾持续散发着光热。

因此,成为一名人民警察可能是许多人都曾萌生过的职业冲动。除了稳固的工作性质和充足的社会保障待遇外,多样化的涵盖领域,如巡逻、刑侦、交管、特警等,以及相应带来的极为强烈的使命感和成就感,这些特质似乎更为有力地吸引着青年人去参与其中。

本章将详细地介绍现阶段成为一名警察的各种途径,以及不同警种、不同岗位之间的工作强度差异和大致待遇,帮助大家厘清警察光环下的诸多现实因素。

成为警察的途径

公务员招警

招警考试属于公务员考试的一种,招录通过后即享受公务员待遇。招录过程除了体能测试和体检(按警察标准)这两个环节外,其他考核与普通公务员招录流程一样。公务员招警分为国考和省考。

警察属于公务员编制,只有通过相关岗位考试,才能成为一名正式编制内的警察。其中,国家公务员考试公告通常会在每年10月中下旬发布。

如果不慎错过了年度的国考,仍然可以留意省考。中央国家行政机关省级以下直属机构提供了大部分人民警察职位,2023年国家公务员考试共计提供了1384个人民警察职位,录用3272人。

注意:近年来,公安专业应届毕业生不得报考国考中的警察岗,只有往届公安专业毕业生以及非公安专业的应届毕业生可以报考。考虑到政策会变动,想要成为警察就必须关注最新政策。

公安 / 司法院校联考

"公安院校联考"的全称是"公安机关面向全国公安院校公安专业应届毕业生(含研究生)统一招录人民警察考试"。

35所公安院校（5所公安部直属院校和30所省属公安院校）的公安专业毕业生可以在毕业时参加公安院校联考，以成为警队的一员。

公安院校联考一般在国考之后举行，2020年的联考考试时间是1月4日和1月5日。截至2020年，已有32所警校参与了公安院校统一招警考试。这种考试主要面向公安院校的公安专业应届毕业生，社会人员或非警校生则不得报考。

需要注意的是，每位警校生一生只能参加一次公安院校联考，并且公安院校的应届毕业生无法参与国家公务员招警考试。

与其他考试相比，公安院校联考的入警率较高。在参加该考试之前，学生需要先选择一所公安类警校并读取公安专业，这样在毕业时才有机会参加公安院校联考。该考试主要考查学生的专业知识、业务能力和警务技能。考生通过考试后即可成为一名公务员编制内的警察。

司法院校联考分为两种：一种是由国家公务员局会同司法部组织的面向中央司法警官学院的司法行政警察类专业毕业生招录考试。另一种是由省级公务员主管部门组织的面向省属司法警官院校司法行政警察类专业应届毕业生招录考试，具体办法由各省（区、市）公务员主管部门会同司法行政机关制定。

社会招警

社会招警并没有固定的招考时间，也不是每年都会举行社会招警考试，每个省份的招聘人数也并不固定。一般来说，当地会根据当前的警力情况进行招考，而且招聘人数也可能会根据实际需要有所调整。社会招警分为公务员编制和事业编制两种，也有可能是合同制，具体情况需要查看招考公告中的条件说明。社会招警考试的内容与国考、省考相似，即考查申论、行测（行政职业能力测试）以及公安专业知识，但重点有所不同，该考试招聘的一般是后勤等管理岗位。

军队转业

转业，即中国人民解放军或中国人民武装警察部队中的军官和服现役满12年的士官退出现役，被分配到国家机关、企事业等单位，参加工作或参加生产的活动。

军人转业是指军官达到兵役法规定的条件后，部队为其安置工作。通常，士兵转业或退役需要参加公务员或事业编考试以进入警察队伍。如果军官不满意所安置的工作，便可以参加当地的公务员考试，在符合公安局的条件要求后成为一名警察。

特招入警

特招入警指公安机关特殊招录人民警察，主要针对退役军人，特别是中国人民解放军和武警特战队员，或者急需的特殊警务技能人才。

特招分为三种情况：涉密要害职位、人才紧缺职位和公安英烈子女。

涉密要害职位通过推荐和严格考查以确定考试人选，按照有限竞争考试的方法，择优录用具有国内安全保卫、技术侦察、反恐怖等重点涉密要害岗位背景的人才。

人才紧缺职位主要是一些公开招考中需要补充的职位，例如少数民族语言、非通用语、狙击、排爆、突击、防核生化、航空、潜水、刑事技术、网络安全技术、警务信通技术等。在这些职位中，省级以上公务员主管部门可以批准降低或不设开考比例。

公安英烈子女指的是公安机关烈士子女、因公牺牲和一级至四级因公伤残的公安英模子女。如果他们报考公安机关人民警察职位并符合职位要求，就可以获得适当照顾，具体的照顾政策由省级公务员主管部门和同级公安机关共同商定。

公安 / 司法联考——进警校就能当警察吗

只有通过提前批次进入警校的考生才有资格参加公安 / 司法联考。

政法类院校以及公安类院校的司法行政警察类专业不可以参加司法联考，地方司法警校的司法行政警察类专业的入警模式会在下文进行单独讲解。

身份

必须是前文述及的能参加该考试的专业的应届毕业生，有且只有一次考试机会。

考试时间

公安联考与司法联考一般在同一天（每年1月），并且使用同一份试卷，但是司法联考目前只有行测和申论两门科目，暂时不加试专业知识。随着国家分级分类招录公务员体系以及司法联考的渐趋完善，不排除以后会像公安联考一样加试专业知识。

院校选择——可参加公安联考或司法联考的高校

1. 参加公安联考的高校

公安部直属高校 5 所：中国人民公安大学（北京）、中国刑事警察学院（辽宁沈阳）、南京警察学院（江苏南京）、郑州警察学院（河南郑州）、中国人民警察大学（河北廊坊、广东广州）。

省属本科警校 20 所（其中，公安专业一般只招收本省学生，在本省属于二本学院）：北京警察学院、山西警察学院、辽宁警察学院、吉林警察学院、上海公安学院、江苏警官学院、浙江警察学院、福建警察学院、江西警察学院、山东警察学院、河南警察学院、湖北警官学院、湖南警察学院、广东警官学院、广西警察学院、重庆警察学院、四川警察学院、贵州警察学院、云南警官学院、新疆警察学院。

省属专科公安警校 10 所（其中公安专业一般只招收本省学生，仅西藏警官高等专科学校例外）：西藏警官高等专科学校（从部分省份招收汉族学生定向西藏就业，不一定每年都有名额）、甘肃警察职业学院、青海警官职业学院、安徽公安职业学院、天津公安警官职业学院、河北公安警察职业学院、内蒙古警察职业学院、黑龙江公安警官职业学院、陕西警官职业学院、宁夏警官职业学院。

注意：只有提前批次入学才有资格参加公安联考。

2. 参加司法联考的高校

本科：中央司法警官学院。

专科：四川司法警官职业学院、河北司法警官职业学院、浙江警官职业学院、山西警官职业学院、黑龙江司法警官职业学院、安徽警官职业学院、江西司法警官职业学院、山东司法警官职业学院、河南司法警官职业学院、武汉警官职业学院、湖南司法警官职业学院、云南司法警官职业学院。

招录批次

"一次考试，两次招录。"考生可以选择在一批岗中报考监狱岗位，但一批岗要求考生必须通过英语四级，也可以选择直接报考二批岗，回生源地所在司法行政机关（监狱、强制隔离戒毒所以及部分省份会提供的法院、检察院司法警察岗）。

需要注意的是，一批岗未录用的话就会被直接转到二批岗，并不会影响考生的最终录用。一般在一批岗招录完成后，中央组织部会向各省下发考生名单，各省将依据具体时间情况安排二批岗招录工作，但也有部分省份会在一批岗之前进行招录工作，到时候只需要关注所在省份的司法厅通知即可。

司法厅一般会在省会进行资格复审、面试、体测、体检、政审、选岗等后续工作，部分省份的面试不计算分数，只要求及格，届时关注各省的具体通知即可。

注意：各位考生一定要高度重视体测和体检，每年都有许多因体测、体检不合格而被淘汰的考生，就差"临门一脚"实在可惜。后面"体检、体测"部分会详细介绍。

选岗方式

依据成绩高低依次选择,但是部分省份可能会有特殊要求(如西部地区某省要求法院司法警察岗只能由侦查学专业毕业生报考),具体选岗要求还需关注各地公安厅、司法厅的选岗通知。

入警率

在绝大多数省份,入警率都能达到 90% 以上。从 2019 级学生开始,各省级司法行政机关都将参照四年后录用人民警察的一定比例编制生源计划,入警率会得到极大保障。中国人民公安大学入警率甚至可达 99% 或者 100%,本科省警校达到 95% 也不过分。专科省警校稍微差一些,整体能够达到 90%。好一点的专科也有 99% 入警率,比如 2021 年天津公安警官职业学院公安专业 101 人毕业,入警 100 人。

地方司法警校的入警政策

依据《人力资源社会保障部等六部门关于进一步加强司法行政机关人民警察招录培养工作的意见》,省属司法警官院校司法行政警察类专业应届毕业生招录工作由省级公务员主管部门负责组织,具体办法由各省(区、市)公务员主管部门会同同级司法行政机关制定。

目前,省级司法警校的入警方式为:考生在毕业当年参加当地的公务员招录考试(即省考)。司法厅会拿出一定比例的岗位定向招录省级司法警官学院司法行政警察类专业毕业生,很多省份已经正式落地实施该政策,并且随着相关政策的日益完善，省级司法警官学院司法行政警察类专业毕业生的入警之路一定会更加顺畅。

薪资待遇

根据问卷调查以及腾讯新闻、搜狐新闻等网站统计的情况总结来看，警察的薪资和地方财政情况高度挂钩。一般来说，地方公安警察的所有收入加起来要高于当地其他公务员的收入，垂管公安单位警察另说。其薪资由基本工资、补贴、奖金、职级构成。

工作状态

不同警种、不同岗位之间的工作状态存在较大差异，比如狱警在工作期间的心理压力相对来说会更大，因为在其值班期间的要求较为严格，导致人际沟通方面与日常生活状态存在落差；还有些岗位经常需要应对各种突发事件和紧急状况，因而在工作期间必须时刻绷紧神经，疲惫感自然也就更强。

像派出所这种基层单位，往往需要直接应对和处理各种具体指标，并且日常也会要求人员定期轮流值班。每次值班都是从当天早上九点开始，到第二天早上九点结束，即连续二十四小时。注意，这里说的是固定值班，此外还有各种加班，比如各种专案，有时还需要巡逻、守卡、清查、安保等等。这也就意味着，作为一名派出所民警，每周、每月的休息时间常常是难以确定的。

由于"分工不分家"的工作准则，同属一个派出所的民警，在不同阶段的工作强度可能会呈现出较大差异，因而需要对存在一定起伏的工作量提前做好心理准备。

部属警校与省属警校的区别

招生、就业方面

·部属警校里的中国人民公安大学、中国刑事警察学院、南京警察学院，学生联考排名前10%的话是有跨省调剂机会的，而省属警校只能选择生源所在省份就业。所以部属警校预期就业面更广。

·二次分配。警校选岗也有二次分配，毕业进入分局之后，分局还细分出多个派出所，有的甚至下设十多个派出所，部属警校毕业生更有机会分配到相对好一些的派出所或机关单位。

·特岗预留。在毕业岗位分配时，有的岗位尤其是省厅或市局的岗位会要求省内生源和部属警校毕业，因而即使考生联考成绩十分靠前，如果没报考部属警校的话，也没有资格选取此类预留岗位。

·特招。特殊地区、特殊部门、特殊岗位，尤其是北京的单独特招单位和中国人民公安大学有的特殊岗位，地方警校是没有机会参与的。例如，山东的考生可以考部属的警校和山东警察学院，但就业时一般要回山东，如果自身特别优秀的话，部属警校的学生（本科生联考成绩在前10%以及研究生）能够参加跨省调剂岗位、第二批次特殊政策、二次分配特殊政策、部属警校独立招聘。

学校实力方面

想当警察的话，学历方面没有较大区别，只有部属警校招收硕士、博士研究生。其中，中国人民公安大学设有博士点，中国刑事警察学院和中国人民警察大学设有硕士点，而地方省属警校基本是专科或本科院校。

发展前景方面

省属高校的人际关系比部属高校更紧密，毕竟在生源地就业的话，本省的警校招生人数本来就多，自然分配到一起的概率也就更大。

各警种之间的区别

公安警察常见警种

治安警察：负责维护社会治安秩序，保障公共安全。

户籍警察：负责管理户籍，掌握户口动态等户政工作。

刑事警察：简称"刑警"，负责刑事案件侦破工作。

交通警察：简称"交警"，负责维护交通安全秩序，处理交通事故，从事交通安全管理工作。

特种警察：简称"特警"，以反恐、对抗火力强大的犯罪分子等行动为主要任务。

网络警察：简称"网警"，负责网络安全监察工作。

经济犯罪侦查警察：简称"经侦"，对金融犯罪、经济诈骗等各类经济犯罪案件进行侦查，为破获经济犯罪案件提供有力依据，从而保护国家和公民的财产安全。

司法警察常见警种

法警：检察院、法院的警察，负责警卫法庭，维护审判秩序；值庭时负责传带证人、鉴定人，传递证据材料；送达法律文书；执行传唤、拘传、拘留；提解、押送、看管被告人或者罪犯；参与对判决、裁定的财产查封、扣押、冻结或没收活动；执行死刑；法律法规包含的其他职责。

狱警：负责管理监狱、少管所、戒毒所等单位，依法从事监狱管理、执行刑罚、改造罪犯、罪犯教育、戒毒矫正等工作。

警校报名方式

以下均为一般情况，具体省份、院校请参照官网信息。

报考流程

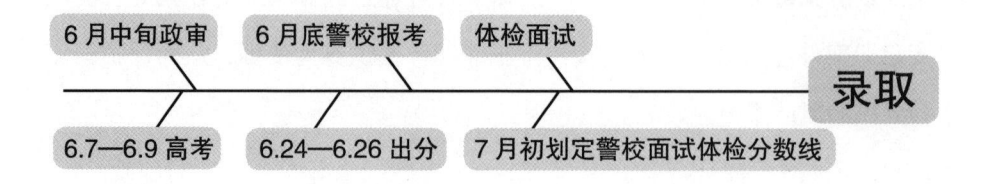

```
6月中旬政审 —— 6月底警校报考 —— 体检面试 ————————— 录取
6.7—6.9高考    6.24—6.26出分    7月初划定警校面试体检分数线
```

政审细节

一般来说，直系亲属审两代。

具体情况可以参照目标院校的招生简章。

政治考察应备材料清单及流程：户口簿、身份证、准考证、《公安院校公安专业本专科招生政治考察表》、中国执行信息公开网截图、在校现实表现证明、无违法犯罪记录证明、考生家庭成员及主要社会关系成员现实表现材料。

· 户口簿复印件一份，需要包含考生本人、主要家庭成员户口簿及户主页（复印到一张纸上）。

· 身份证、准考证原件及复印件一份。

· 《公安院校公安专业本专科招生政治考察表》，需要A4纸双面打印，不能更改格式，其中考生需要完整填写个人信息，并粘贴好一寸白底登记照。政审"具体情形"由派出所勾选，政治考察意见由派出所负责人和具体考察实施人员填写并签字盖章。

· 在中国执行信息公开网查询考生本人是否被列为"失信联合惩戒对象"，通过首页"综合查询被执行人"栏目，执行范围选择"全国法院"，查询并截图打印。

- 在校现实表现证明应涉及考生曾经就学的高中（含转学、复读前的学校）出具其个人档案中记载出生日期、入党（团）时间、学历、经历、身份等信息的重要材料是否有缺失、严重失实等情况，包括是否被开除团籍、学籍以及是否在国家法定考试中被认定有舞弊等严重违纪违规行为等。

- 考生家庭成员是指考生的父母（监护人、直接抚养人，有共同生活经历的生父母、养父母和有抚养关系的继父母）、未婚兄弟姐妹（有共同生活经历的同父母兄弟姐妹、同父异母或者同母异父的兄弟姐妹、养兄弟姐妹、有抚养关系的继兄弟姐妹）；主要社会关系成员是指考生的已婚兄弟姐妹、祖父母、外祖父母。

考生将以上材料备齐后，到户籍地派出所参加政治考察，并由派出所出具考生本人、家庭成员及主要社会关系成员无犯罪记录证明，派出所完成考察后随同以上资料登记备案、装档密封，交给考生本人。

注意：《公安院校公安专业本专科招生政治考察表》中"工作单位及职务"一栏，有单位的需要填写单位，同时表现证明也需要在单位开具，没有单位的填写具体居住地址，并按照村（社区）开具证明；退休人员表格内需要填写退休前单位，括号内备注"已退休"，并到单位开具表现证明；去世人员表格内需要填写称谓、姓名、生前居住地址或单位，括号内备注"已去世"，并开具生前表现材料。

哪些情况可能导致无法通过政审

在警校报考过程中，除了体检，最受重视的环节就是政审，所以大家在了解相关信息时都十分关注哪些情况会导致政审受阻，以下是一些代表情况：

一是曾受到开除中国共产党党籍处分、开除中国共产主义青年团团籍处分的；

二是曾受过刑事处罚、少年管教、劳动教养或近两年内受到治安拘留处罚的；

三是受党、团内警告未满一年或受严重警告及以上处分未满两年的；

四是因严重违反纪律、规章制度被原工作单位开除、辞退或依法解除劳动（聘用）合同的，或主观原因违反规章制度，在高校、工作单位受过警告以上处分的；

五是曾参与赌博、邪教、色情、吸毒、盗窃、贪污、贿赂、诈骗等违法违纪活动，被有关部门认定的；

六是配偶、直系亲属和近亲属中有曾被判处死刑或因危害国家安全罪被判刑的，或因其他犯罪正在服刑的；

七是配偶、直系亲属和近亲属中有因严重政治错误或犯罪嫌疑正被政法机关侦查、控制的，或有邪教组织的骨干分子且顽固不化、继续坚持错误立场的；

八是配偶、直系亲属和近亲属中有在国（境）外从事颠覆我国政权活动的，或为国（境）外人员在考察期满后30天内政治背景仍无法查清的；

九是不符合报考资格条件，或在招录过程中有违纪舞弊、弄虚作假行为的；

十是有其他不宜录用为人民警察情形的。

因涉嫌违法违纪正在接受审计、纪律审查，或者涉嫌犯罪，司法程序尚未终结的，可暂缓做出考察和政审结论。自考察和政审期结束后30天内，上述审计、审查或司法程序仍未终结的,考察和政审结论定为不宜录用为人民警察。对考察和政审结论为不宜录用为人民警察的,招录公安机关应书面通知本人,并说明理由。

体检、体测

体检

以下是对警校招生体检要求的概括总结,详情请见具体高校具体年度的招生简章。

一是男性身高不低于170厘米,女性身高不低于160厘米;

二是体形匀称,动作协调,不能过于肥胖或消瘦;

三是男性体重指数范围为17.3—27.3,女性体重指数范围为17.1—25.7;

四是左右眼单眼裸视视力不低于4.8,无色盲、色弱,两耳无重听,无口吃;

五是五官、体形端正,面部无明显特征,颈部、手臂、腿部无特别明显的癜痕、疤痕、胎记、色素斑、血管瘤、白癜风等,身体其他部位无较大面积的疤痕挛缩等;

六是身体无明显缺陷,无各种残疾、畸形;

七是本人或直系亲属无精神病史;

八是无传染病,肝功能正常;

九是无其他不宜录取的情形。

体测

以下是对警校招生体测要求的概括总结，详情请见具体高校具体年度的招生简章。

体测项目包括 50 米跑、立定跳远、男生 1000 米跑 / 女生 800 米跑、男生引体向上 / 女生仰卧起坐，共计 4 个项目，其中 3 个及以上项目达标的，体能测评结论为合格。

具体合格标准为：男生 50 米跑 9.2 秒以内，立定跳远 2.05 米以上，1000 米跑 4 分 35 秒以内，引体向上 9 次 / 分钟以上；女生 50 米跑 10.4 秒以内，立定跳远 1.5 米以上，800 米跑 4 分 36 秒以内，仰卧起坐 25 次 / 分钟以上。

第五章

公务员

万里挑一的人民公仆

导言

受"学而优则仕"的传统观念影响,"考公"由原先父母的敦促转变为年轻群体也会主动关注的领域。根据国家公务员局公布的消息,2024年国考计划录用的人数是3.96万人左右,共有261.3万名考生考前进行了报名确认,其中225.2万人实际参加考试,参考率约为86.2%,参加考试人数与录用计划数之比约为57∶1,当下年轻人考公的热情可见一斑。但我们同时也看到,更多的年轻人选择考公的初衷是偏茫然和从众的,只是当作一次尝试,在没有做好充分准备工作的情况下成了"炮灰",反而容易浪费自己作为应届毕业生在求职中的优势。

本章聚焦于公务员这个家长和考生重点关注的领域,通过梳理与之相关的薪资待遇、职级划分、报考条件、报名流程、特色院校、对口专业等,帮助家长和考生科学决策,明确发展方向,制定备考策略,掀开考公的神秘面纱。

"铁饭碗"到底香不香

公务员的收入一般情况下包括：基本工资（职务工资、级别工资、基础工资和工龄工资）+ 津贴（地区津贴、岗位津贴）+ 补贴和医疗补助 + 奖金。

基本工资[1]

公务员基本工资和职务级别是直接挂钩的，级别由低至高依次为27—1级。公务员领导职务层次与级别的对应关系是：

领导职务层次	对应级别
国家级正职	1
国家级副职	4—2
省部级正职	8—4
省部级副职	10—6
厅局级正职	13—8
厅局级副职	15—10
县处级正职	18—12
县处级副职	20—14
乡科级正职	22—16
乡科级副职	24—17

---

[1] 据大数据调查分析，公务员的基本工资因所处单位和地域相差较大，导致同一职级的薪资也可能相差很多，本章涉及薪资部分不做数据展示。

副部级机关内设机构、副省级城市机关的司局级正职对应 15—10 级，司局级副职对应 17—11 级。

职务层次			
综合管理类	专业技术类	行政执法类	级别范围
一级巡视员	一级总监		13—8
二级巡视员	二级总监	督办	15—10
一级调研员	一级高级主管	一级高级主办	17—11
二级调研员	二级高级主管	二级高级主办	18—12
三级调研员	三级高级主管	三级高级主办	19—13
四级调研员	四级高级主管	四级高级主办	20—14
一级主任科员	一级主管	一级主办	21—15
二级主任科员	二级主管	二级主办	22—16
三级主任科员	三级主管	三级主办	23—17
四级主任科员	四级主管	四级主办	24—18
一级科员	专业技术员	一级行政执法	26—18
二级科员		二级行政执法	27—19

津贴

津贴是对公务员在一定环境下额外劳动消耗和生活费用支出给予的适当补偿，公务员的津贴分为地区津贴、岗位津贴两大类。

地区津贴分为地区附加津贴和艰苦边远地区津贴。地区附加津贴主要反映地区间经济发展水平、物价消费水平的差异。国家对地区附加津贴实行分级管理，对各地的地区附加津贴水平进行调控。艰苦边远地区津贴主要体现不同地区自然地理环境、社会发展等方面的差异，是对公务员在艰苦边远环境下工作生活的补偿。国家对艰苦边远地区津贴实行统一管理。

岗位津贴根据公务员的岗位性质以及工作条件确定，主要发放给在苦、脏、累、险、特岗位上工作的公务员。公务员只有在上述岗位工作时，才能享受相应的津贴；离开岗位时，相应的津贴即刻取消。国家对岗位津贴实行统一管理。

补贴和医疗补助

补贴是国家为了适应职务消费、福利等改革的需要，对公务员给予的适当补偿。比如，住房货币化分配后给公务员发放的住房补贴，公务用车制度改革后给公务员发放的公务交通补贴。

公务员医疗补助是在职工基本医疗保险的基础上，对公务员实行的补充医疗保障。医疗补助经费来源于同级财政，实行专款专用、单独建账、单独管理，与基本医疗保险基金分开核算。社会保险经办机构负责医疗补助的经办工作，要求严格执行有关规章制度，建立健全各项内部管理制度和审计制度。

奖金

奖金分为年终一次性奖金和立功受奖奖金。

年终一次性奖金是对公务员的工作表现和工作业绩的奖励，根据对公务员定期考核的情况发放。《中华人民共和国公务员法》第80条规定："公务员工资包括基本工资、津贴、补贴和奖金。公务员按照国家规定享受地区附加津贴、艰苦边远地区津贴、岗位津贴等津贴。公务员按照国家规定享受住房、医疗等补贴、补助。公务员在定期考核中被确定为优秀、称职的，按照国家规定享受年终奖金。"所以想要获得年终奖金还需要通过考核才行。

立功受奖奖金是对获得嘉奖、记三等功、记二等功、记一等功以及授予称号的公务员发放的一次性奖金，具体标准由国家规定，并根据经济社会发展水平及时调整。

此外，国家对个别行业单独规定了一次性奖金标准，为更好地激励公务员担当作为，国家将适时对公务员奖金制度进行完善。

以上就是公务员的工资构成，具体薪资还是要以各地区各单位实际发放为准。

政策解读：公务员的薪资结构相对复杂，又会因机构、职位、地区等因素有所区别，但整体看来，收入还是能达到当地平均水平以上，而且在众多人眼中，公务员最羡煞旁人的除了整体收入相对可观外，还有其岗位的稳定性。

国考和省考有何区别

公务员考试主要分为国家公务员考试(国考)和地方公务员考试(省考)，下面就从组织机构、招考范围、考试内容和难度、编制及福利待遇等角度进行一番简单的比较。

组织机构不同

国考是中央机关和其直属机构招人，由国家公务员局统一组织。

省考以省为单位，属于省内招录行为，由对应省份委任组织部组织实施。

招考范围不同

中央、国家机关的公务员考试是面向全国进行招考的，大部分岗位没有户籍限制。

地方的公务员考试主要面向当地的居民和在当地就读的大学生，以及本省生源的大学生。

考试内容和难度不同

国考和省考在考试时间、考试内容、考试地点和考试难度方面都存在或多或少的差异，就大部分省份而言国考比省考难。

就考试时间而言，国考时间基本是固定的，报名时间在每年10月中下旬，考试时间在11月下旬，面试时间在次年2—3月；而各省省考时间则不相同。

就考试内容而言，两者都包括笔试和面试，笔试均采用闭卷方式。不过，国考考查的是全国范围的知识点，而省考则考查省情、社情、政情等知识点。

就题型而言，国考相对稳定，省考则在国考的基础上略加创新，以体现本省特色。考试难度上，国考题目难度要相对大于省考。国考行测题量比省考的多，申论阅读材料字数也比省考的多，具体情况要参照国考及各省公考考试大纲和考试真题。

就报考条件来看，应届毕业生报名国考是比较占优势的，国考很多岗位都仅限应届毕业生报考；而省考不一样，应届毕业生和非应届毕业生没有太大的差别。

编制及福利待遇不同

国考录用后属于国家公务员序列,省考录用后属于地方公务员序列,均按照《中华人民共和国公务员法》和同一套制度管理,录用后也有统一的薪酬体系。但因地域范围、部门(行业)类别及单位层级不同,薪酬及晋升空间会有所差异。

在地域上,东部沿海和一线城市平均工资水平高于中西部地区。

在部门(行业)类别上,海关、金融、证券、财税系统工资和福利高于其他部门。

在晋升空间上,行政执法类和综合管理类人员因其工作内容具有公共性质,人员可以流动,可以跨地区、行业交流任职,而一些垂直管理部门,如国税、海关系统大多只能在本系统内晋升和调动。国考岗位的晋升和调动相对于省考岗位来说会比较难。

如何才能捧起"铁饭碗"

说到公务员,有很多家长会问:有没有哪些学校和专业,将来进体制内更有优势?有些学校从就业去向来看,确实对进入体制内更有优势,下面就来分享几所相关的热门院校。

院校选择——五大官校

以下五所院校，不管是从专业设置还是就业情况来看，都是想进体制内的考生重点关注的对象。

1. 北京电子科技学院[1]

（1）一句话介绍

中央办公厅所属的为全国各级党政机关培养密码保密和信息安全专门人才的普通高等学校。

（2）报考要求

· 考生应为中共党员（预备党员）或共青团员（以填报高考志愿时为准）；

· 考生父母、兄弟姐妹以及与考生关系密切的其他主要社会成员，具有中华人民共和国国籍，爱国守法，拥护中国共产党，拥护社会主义，无重大政治历史问题。考生父母、兄弟姐妹未在境外工作（不含公派出境）、生活、定居，未在境外驻华机构工作；

· 考生及其家庭成员没有参与法轮功和其他邪教行为；

· 考生身体条件除执行教育部等相关部门联合印发的《普通高等学校招生体检工作指导意见》外，还须符合：无明显视功能损害眼病，双眼矫正视力均不低于4.8（小数视力0.6）；

· 高考报考语种为英语。

（3）开设专业

2023年有8个本科专业招生：信息安全、密码科学与技术、电子信息

---

[1] 来源于北京电子科技学院官网。

工程、计算机科学与技术、通信工程、网络空间安全、保密管理、行政管理。

（4）就业去向[1]

2023年学院共有本科毕业生427人，实际毕业425人，授予学位425人，毕业率和学位授予率分别为99.53%和100%。

截至2023年10月，有412名毕业生落实了毕业去向，其中400名毕业生参加工作，12名毕业生攻读硕士研究生，应届本科毕业生总体就业率为96.94%。

根据学校往年公布的信息，大部分毕业生都在党政机关就业，学院服务面向特色得到充分彰显。

规划建议：北京电子科技学院可以说是这五所院校里进编比例最高的一所，毕业从基层做起，需要的就是甘于奉献和脚踏实地的精神，初心如此才适合报考此类院校。

2. 上海海关学院[2]

（1）一句话介绍

中华人民共和国海关总署唯一直属的高校，是海关人员的摇篮。

（2）报考要求

学校全日制普通本科招收对象为参加普通高等学校招生全国统一考试的考生。

学校各专业教学培养外语教学语种为英语，请非英语语种的考生谨慎

---

[1] 来源于《北京电子科技学院2022—2023学年本科教学质量报告》。
[2] 来源于上海海关学院官网。

报考。

考生身体条件按教育部、原卫生部、中国残疾人联合会颁布的《普通高等学校招生体检工作指导意见》执行，其中报考海关管理、海关检验检疫安全、海关稽查专业的考生原则上还应具备下列条件：

· 男性身高不低于168厘米，女性身高不低于158厘米，体形匀称；

· 双眼矫正视力均不低于4.8（小数视力0.6），无明显视功能损害眼病；

· 五官端正，面部无疤痕等明显特征和缺陷，无各种残疾。

（3）开设专业

学校本科招生专业：海关管理、海关检验检疫安全、海关稽查、经济统计学、物流管理、国际商务、税收学、英语。其中海关管理、海关检验检疫安全、海关稽查是毕业后能报考海关职位的专业。

（4）学院各专业毕业生一定能进海关吗

学院各专业毕业生均面向社会自主择业。海关管理、海关检验检疫安全、海关稽查专业的学生毕业后如报考公务员招考职位，必须严格遵循报考当年的国家公务员考试录用政策和规定。也就是说，并不是毕业后就可以直接进入海关工作。不过因为上述海关方向专业有一定的壁垒，在公务员考录过程中基本属于定向专业招募，所以实际进海关的比例还是很高的。

（5）将来有机会转专业吗

除特殊类别招生录取的学生（如定向就业培养的学生等）不得申请转专业外，其他学生可在大一第二学期申请转专业。学生达到如下要求可申请转专业：已学课程应全部合格，且平均学分绩点应不低于3.0；在本专业同年级中平均绩点排名前10%；无未解除的校级及以上违规违纪处分。海关管理、海关检验检疫安全、海关稽查专业因为是提前批次录取，目前不接收其他专业转入。具体转专业要求和程序以学校教务处公布为准。

政策解读：只有海关管理、海关检验检疫安全、海关稽查这三个专业将来有机会考进海关，且暂不接收其他专业转入。

3. 国际关系学院[1]

（1）一句话介绍

简称"国关"，由教育部直属，为财政部6所"小规模试点高校"之一，是以外语、国际问题为教学科研内容的全国重点大学。

（2）报考要求

报考国际关系学院的考生，除符合教育部颁发的《普通高等学校招生工作规定》及《普通高等学校招生体检工作指导意见》的要求外，还须符合以下条件：

· 政治面貌为中共党员或共青团员，入党入团时间计算至高考结束前；高考信息采集后入党入团的，须在面试或录取前向学校提供中学入党入团证明及党员团员档案全套材料复印件；家庭及主要社会关系历史清楚，无重大问题。

· 男性身高应在170厘米及以上，女性身高应在160厘米及以上；男性和女性体重均在上限标准及以下，体重上限标准为：[身高（厘米）-110]×1.4公斤。

· 身心健康，无严重急慢性疾病，无传染病；五官端正，面部及身体各部位无明显特征和缺陷；左右眼矫正视力在4.8及以上，无色盲、色弱、斜视、对眼等眼疾；听觉、嗅觉正常，无影响外语学习的听力和发音系统疾病。

身体条件以高考体检表为准。学生入校后，学校将对新生进行身体复

---

[1] 来源于国际关系学院官网。

查和资格条件审查。

身心健康是学校选拔学生的重要标准,入校后会有比较严格的体能训练和体能测试,凡不符合报考条件或入校后不能按要求参加体能训练者,将按照教育部和学校的规定取消入学资格。

（3）开设专业

法语、日语、英语、法学、国际经济与贸易、网络空间安全、数据科学与大数据技术、行政管理、传播学、国际政治等。

（4）就业情况

2022届本科毕业生就业去向落实情况统计[1]

单位	毕业生人数	签就业协议	国内读研	出国（出境）留学	求职中	落实率
国际政治系	63	14	27	2	19	69.84%
文化与传播系	59	14	17	9	10	83.05%
公共管理系	56	20	20	3	10	82.14%
网络空间安全学院	63	15	24	4	15	76.19%
经济金融学院	63	15	18	14	6	90.48%
法学院	63	11	22	7	18	71.43%
英语系	60	8	21	7	16	73.33%
日语系	36	13	8	3	8	77.78%
法语系	17	2	8	1	5	70.59%
本科生总计	480	112	165	50	107	77.71%

学生本科毕业后,可选择继续升学、出国或面向社会自主择业。学校为毕业生提供全方位服务,积极拓展就业渠道,向国家机关、外事部门、新闻媒体、大中型企业及教育科研等单位开展择优推荐工作。毕业生大多在国家机关、涉外企事业单位、新闻媒体、教育科研等部门工作。

---

[1] 来源于《国际关系学院2021—2022学年本科教学质量报告》。

- 国家公务员：国家安全部和外交部都会在国际关系学院遴选。
- 升学：国内升学去清华大学、北京大学、中国人民大学、北京师范大学、中央财经大学的也不少，也有很多去了海外高校深造。
- 直接就业：国企和事业单位，如国有四大银行、中国石油化工集团、新华社、中国中央电视台等；世界500强企业，如四大会计师事务所；民企、私企，如华为、字节跳动等互联网公司。

政策解读：该校偏"外向型"学科加"精干"培育。教学资源集中倾斜于本科生，专业基础课和专业课全部实行小班教学和精细化培养，尤其注重外语基础、综合分析和应用能力的培养，努力造就适应新时期发展需要、具有较强社会竞争能力的国际化复合型人才。

4. 外交学院[1]

（1）一句话介绍

外交学院是以服务中国外交事业为宗旨，培养一流外交外事人才的小规模、高层次、特色鲜明的外交部唯一直属高校。

（2）报考要求

- 外交学院在本科提前批次招生录取。在当地本科一批录取最低控制分数线（含）以上且符合学校录取标准的考生中从高分到低分择优录取。对于合并本科批次的省（区、市），在当地本科录取最低控制分数线（含）以上且符合学校录取标准的考生中从高分到低分择优录取。国家专项计划录取分数原则上执行本条所列录取分数标准。
- 所有报考的考生必须参加所在地省级招生考试主管部门统一组织的

---

[1] 来源于外交学院官网。

高考外语口试（省级招生考试主管部门不组织高考外语口试的省份除外），且口试成绩达到合格（含）以上者方可录取。学校不再单独组织外语口试和专业面试。对新疆协作计划（民族班）、内地西藏高中班、内地新疆高中班考生高考外语口试暂不作要求。

·在各省（区、市），英语、翻译、法语、日语、西班牙语等语言类专业只招英语语种考生，非语言类专业不限外语语种。但非语言类专业的英语课程起点高、比重大，部分专业课程直接用英语授课，非英语语种考生慎重报考。

·根据学校特点（毕业生从事外交外事工作的特殊需要），凡有口吃、嘶哑或有口腔、耳鼻喉科疾病之一而妨碍发音、有听力障碍、面部疤痕、血管瘤、黑色素痣、白癜风、步态异常、驼背、肢体残疾的考生不宜就读。

（3）开设专业

学院现有外交学、英语、翻译、法语、日语、西班牙语、法学、国际经济与贸易、金融学等本科专业，其中翻译专业由英语系与外交部翻译司联合开设"外交翻译专训班"，法学专业由国际法系开设"涉外卓越法律人才实验班"。

（4）就业情况[1]

·向外交部输送毕业生的比率名列全国高校前茅：签约就业的2021届本科毕业生中，入职外交部人数占35.09%，入职外交部人数比率居全国同类院校前列。

·国际组织实习任职情况：自2016年起，学生到国际组织实习任职数量超110人次，人数比率居全国同类院校前列。

·就业单位性质分布：2021届本科毕业生签约就业的主要单位性质为

---

[1] 来源于《外交学院2021本科毕业生就业质量报告》。

党政机关（43.86%）、其他企业（29.82%）和国有企业（19.30%）。

政策解读：中国外交官的摇篮，就业情况很好，根据学校公布的历年就业质量报告来看，有30%—40%的毕业生能进外交部！对学生的要求也很高。

5. 中国消防救援学院[1]

（1）一句话介绍

应急管理部直属高等院校，是国家综合性消防救援队伍的重要组成部分，主要承担国家综合性消防救援队伍初级指挥员培养、干部学历教育、继续教育、在职培训，应急管理和消防救援科学技术研究、决策咨询及相关交流合作工作，参加重大应急救援机动增援任务。

（2）报考要求

考生需要参加由生源地省级消防员招录工作办公室组织的政治考核、体格检查、心理测试、面试，结论均为合格。政治考核标准参照《关于军队院校招收普通中学高中毕业生和军队接收普通高等学校毕业生政治条件的规定》（2001版）执行；体格检查标准参照《军队院校招收学员体格检查标准》（2017版）执行，要求为其他专业合格；心理测试和面试参照《国家综合性消防救援队伍消防员招录办法》有关规定执行。其中：

· 男性身高162厘米以上，女性身高160厘米以上；

· 男性体重不超过标准体重的30%，且不低于标准体重的15%者为合格；女性体重不超过标准体重的20%，且不低于标准体重的15%者为合格；标准体重=（身高－110）公斤；

---

[1] 来源于中国消防救援学院官网。

· 裸眼视力低于4.5，不合格；任何一眼裸眼视力低于4.9，须进行矫正视力检查；任何一眼矫正视力低于4.9或矫正度数超过600度，不合格。

（3）开设专业

2023年，招收青年学生的本科专业共6个：消防工程、火灾勘查、飞行器控制与信息工程、思想政治教育、航空航天工程、消防指挥（直升机飞行与指挥方向）。

思想政治教育专业招收文科学生，其他专业招收理科学生。

（4）就业情况

2023年招收的青年学生毕业时，根据国家综合性消防救援队伍招录干部计划，可参加中央机关及其直属机构考录公务员统一考试，按照属地原则和培养方向报考生源地省份相应总队招录职位，通过规定考录程序择优选拔录用为干部；未能录用为干部的，可按培养方向到生源省份相应总队当消防员；不愿到队伍当消防员的，按普通高等学校毕业生自主就业。消防指挥（直升机飞行与指挥方向）、航空航天工程专业的学生，入学时须签订培养协议，毕业时根据招录干部计划，按培养协议约定的就业去向报考相应航空救援队伍招录职位。

（5）学员待遇

普通专业学员待遇

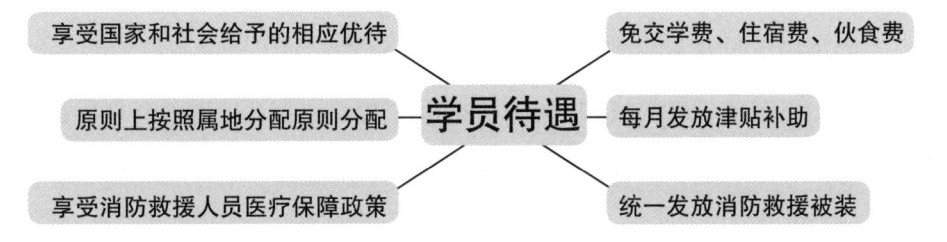

学员待遇	
享受国家和社会给予的相应优待	免交学费、住宿费、伙食费
原则上按照属地分配原则分配	每月发放津贴补助
享受消防救援人员医疗保障政策	统一发放消防救援被装

航空专业学员待遇

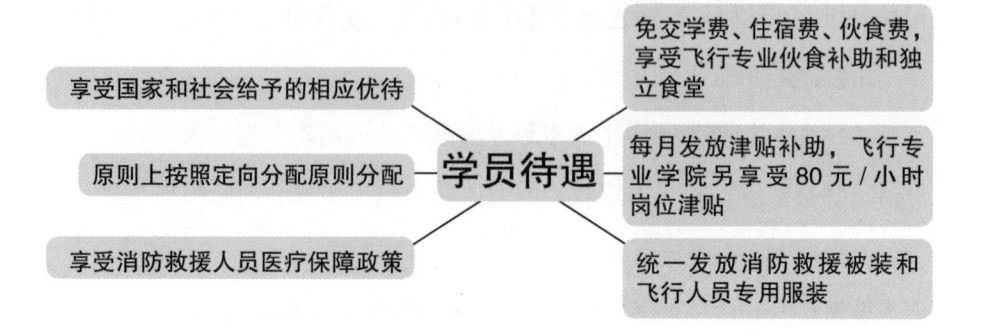

- 享受国家和社会给予的相应优待
- 原则上按照定向分配原则分配
- 享受消防救援人员医疗保障政策
- 免交学费、住宿费、伙食费，享受飞行专业伙食补助和独立食堂
- 每月发放津贴补助，飞行专业学院另享受80元/小时岗位津贴
- 统一发放消防救援被装和飞行人员专用服装

政策解读：工作相对稳定，但是职业性质较为特殊，存在一定的危险性。

专业选择——四大类

在国考和省考中，除"三不限"[1]的岗位外，绝大多数岗位对专业都是有要求的，不同专业能报考的岗位数量可能相差很大。以2023年中央国家行政机关省级以下直属机构职位表（国考）和2023年江苏省省考部分城市职位表（省考）为例，不难发现，以下专业在公务员岗位报考中能选择的岗位相对较多。所以对一些将来想考公的学生而言，在选择专业时，就要有所侧重。

1. 法学类

中央国家行政机关省级以下直属机构14 046个职位中能报考的超过4000个，江苏省省级机关176个职位中超过30个可报考，南京市805个职位中有180个左右可报考，苏州市752个职位中接近170个可报考，无锡

---

[1] 不限专业，不限学历（大专以上），不限户籍。

市 472 个职位中超过 110 个可报考，盐城市 667 个职位中近 140 个可报考，宿迁市 354 个职位中超过 80 个可报考。

相关专业： 法学、知识产权、监狱学、律师、民商法、法学（法务会计）、海商法学、刑事侦查、刑事矫正与管理、司法警务管理、智慧司法技术与应用、信用风险管理与法律防控等。

2. 经管类（包含财会类）

中央国家行政机关省级以下直属机构 14 046 个职位中能报考的有 3600 个左右，江苏省省级机关 176 个职位中近 30 个可报考，南京市 805 个职位中超过 100 个可报考，苏州市 752 个职位中超过 80 个可报考，无锡市 472 个职位中近 60 个可报考，盐城市 667 个职位中近 60 个可报考，宿迁市 354 个职位中有 50 个左右可报考。

相关专业： 财政学、金融学、会计学、财务管理、会计信息技术、财务会计与审计、国际会计、财务会计教育、法学（法务会计）、审计学、审计学（ACCA 方向）、会计、金融工程、保险学、经济学、税收学、国际经济与贸易、经济与金融、工商管理、资产评估、贸易经济、互联网金融、保险、金融科技应用、大数据与财务管理、大数据与会计、大数据与审计、金融数学、税务等。

3. 中文文秘类

中央国家行政机关省级以下直属机构 14 046 个职位中超过 3500 个可报考，江苏省省级机关 176 个职位中近十分之一可报考，南京市 805 个职位中近 60 个可报考，苏州市 752 个职位中超过 70 个可报考，无锡市 472 个职位中超过 50 个可报考，扬州市 554 个职位中有 50 个左右可报考。

相关专业： 汉语言文学、汉语言、对外汉语、中国少数民族语言文学（可注明藏、蒙、维、朝、哈等语言文学）、古典文献、中国语言文化、应用语言学、古典文献学、新闻学、广播电视编导、广播电视新闻学、广告学、编辑出版学、传播学、媒体创意、广播电视学、网络与新媒体、数字出版、秘书学、历史学、哲学、世界史、世界历史、考古学、博物馆学、文物与博物馆学、文物保护技术、汉语国际教育、文物鉴赏与修复、高级文秘、汉语言文学教育、文秘教育、思想政治教育、新媒体与信息网络、戏剧影视文学、播音与主持艺术、马克思主义理论、文物修复与保护、播音与主持、中文国际教育、党务工作、档案学等。

4. 计算机类

中央国家行政机关省级以下直属机构14 046个职位中近4300个可报考，江苏省省级机关176个职位中有16个可报考，南京市805个职位中有39个可报考，盐城市667个职位中有40个可报考。

相关专业： 计算机科学与技术、电子与计算机工程、空间信息与数字技术、计算机通信工程、电子商务、计算机及应用、通信工程、信息管理与信息系统、数据科学与大数据技术、信息工程、大数据管理与应用、计算机软件、软件工程、计算机应用软件、信息与计算科学、数字媒体技术、信息技术应用与管理、软件工程技术、网络工程、物联网工程、信息安全、网络空间安全、计算机技术及其应用、物联网工程技术、网络工程技术、信息安全与管理、传感网技术、电子信息类、计算机应用工程、大数据工程技术、大数据技术与应用、云计算技术、人工智能工程技术、嵌入式技术、虚拟现实技术、虚拟现实技术与应用、工业互联网技术、区块链技术、区块链技术与应用、现代通信工程等。

规划建议：在众多本科专业大类中，很多都有其对应的考公岗位，但是数量屈指可数。总的来说，法学类、工商管理类（主要是财会类）、中国语言文学类以及计算机类这四个一级学科对应的专业能报考的岗位相对更多，将来在报考中更占优势。

选调生——竞争更少、要求更高的公务员

公务员也分等级吗？除了常规的职级，所谓"高级公务员"其实就是我们常说的选调生。选调生一般从特定学校中选拔，竞争上没有社招那么激烈。

那么怎样才能有资格走选调途径呢？接下来就给大家展开讲讲。

什么是选调生

选调生（选调优秀大学毕业生）是各省党委组织部门有计划地从高等院校选调品学兼优的应届大学本科及以上毕业生到基层工作，作为党政领导干部后备人选和县级以上党政机关高素质的工作人员人选进行重点培养群体的简称。

怎样才能有选调资格

选调生是指通过选拔培养的，具备优秀素质和潜力的年轻人才。他们

通常是在公务员考试过程中脱颖而出的候选人，也可以是在其他类似选拔程序中脱颖而出的个人。以下是一般情况下选调生的普遍要求。

·有志于从事党政工作并有发展潜力的优秀学生。

·必须通过选调生录用考试。选调对象事业心和责任感强，自愿到基层工作，身体心理健康，能适应基层工作需要，勤奋敬业，乐于奉献。

·中共党员（含预备党员）。

·全国普通高校国家计划内统招、全日制大学本科以上学历的应届毕业生，学习成绩优秀，基础知识扎实，能如期毕业并取得相应的学历学位证书。自2011年以来，部分省份参加基层服务项目、符合选调生条件的往届高校毕业生（大学生村官、"三支一扶"人员等）也可以参加报考。

·本科生须是校级以上"三好学生""优秀学生干部"或者二等奖以上"优秀学生奖学金"获得者，研究生须是校级以上"三好研究生""优秀研究生干部"或者"研究生优秀奖学金"获得者。

·参加基层服务项目、符合选调生条件的往届高校毕业生（大学生村官、"三支一扶"人员等）报考，年龄方面各省份一般会适当放宽。

选调生与普通公务员的区别

从考试难度来看，根据往年大数据统计分析，国考和省考的报录比要远远高于选调生考试，所以选调生相对来讲更容易上岸。

从晋升角度来看，选调生培养方向主要是党政领导干部后备人选和县级以上党政机关高素质的工作人员人选，公务员一般招考的是非领导职务国家公务人员。选调生提拔速度比公务员快得多，我国干部队伍中，许多年轻有为的领导干部和相当一部分高级党政干部都是选调生出身，所以组织部门一直把选调生工作视为优秀年轻干部的"源头工程"。

从工作环境来看，选调生的服务期为两年，一般会分配到基层工作，有的是乡镇，有的则是区县。选调生到基层工作后，组织部门将通过举办培训班、抽调到上级党政机关跟班学习、鼓励参加公开选拔、竞争上岗等得力措施进行重点跟踪培养，帮助选调生脱颖而出。而普通公务员则直接到对应的报考单位报到。

规划建议：作为将来机关干部的储备人员，深入基层那几年至关重要，需要有足够的党性。

原来公务员还有这样的要求

公务员报考中，除了对专业有所限制，一些部门的部分岗位还会有其他要求。以2023年中央国家行政机关省级以下直属机构职位表（国考）和2023年江苏省省考部分城市职位表（省考）为例，部分岗位的以下要求也要重视。

党员要求

通常招录公务员的岗位对党员有一定的优先考虑，有些岗位会直接要求党员（含预备）才能报考。以2023年江苏省省级机关考录职位表为参考，176个职位中有16个职位要求党员（含预备），南京市考录职位表中805

个职位有 53 个要求党员（含预备）。在选调生要求当中，党员（含预备）也是一个重要的考查标准。

性别要求

根据国家法律法规规定，性别歧视在公务员招录中是被禁止的。一般情况下，公务员岗位不会有性别要求，但是有部分基层岗位需要到一线执法，比如住建执法、水上执法，或是有需要出海的船舶驾驶工作、需要经常加班值夜班的环境管理工作等，男性可能更适合一点。以 2023 年江苏省省级机关考录职位表为参考，176 个职位中有 12 个职位要求女性，但是要求男性的有 75 个。这 75 个岗位就属于上述可能更适合男性的岗位。

证书要求

在公务员岗位要求中，不同岗位对具备特定证书的要求可能会有所不同，一些技术性岗位可能要求相应的职业资格证书或执业证书。以 2023 年江苏省省级机关考录职位表为参考，176 个职位中有 40 多个职位是有证书要求的。大部分法院和检察院的岗位都要求取得国家法律职业资格证书（A类），部分省级机关的行政岗需要大学英语六级证书、计算机二级证书，从事英语翻译工作的需要英语专业八级证书，从事财务工作的需要会计专业初级及以上专业技术资格证书，从事船舶驾驶工作的需要持有有效的船员适任证书或海洋渔业职务船员证书，等等。

体检要求

公务员招录通常会要求应聘者进行体检，考生在报考前需要详细阅读相关政策文件，以确保身体健康，符合岗位要求。公检法体系的相关职位，一般对视力都有一定的特殊要求。

学历要求

公务员招录通常对应聘者的学历有一定要求，如本科、研究生等，具体要求根据不同岗位和招录机关的规定而有差异。以2023年江苏省省级机关考录职位表为参考，176个职位中有137个职位要求研究生；南京市805个职位中有231个职位要求研究生。部分岗位对实际招录到岗的博士研究生，将根据专业需求和紧缺程度，给予一定数额的安家补贴和科研启动资金。

应/往届生要求

公务员招录通常对应届毕业生和往届毕业生均有招录计划，具体要求根据招录机关的规定而有所不同。总体来讲，应届生的选择面要比往届生更大。以2023年江苏省南京市考录职位表为参考，在805个职位中有189个只招收应届毕业生，所以应届毕业生这个身份在参加公务员考试时有不小的优势。在部分中央部门的国考招聘职位要求中，甚至还会直接标注只招收应届毕业生。

基层工作经验要求

一些公务员岗位，例如部分单位的一级行政执法人员，可能对具有基层工作经历的应聘者有一定的倾向性，但并非所有职位都会对此有要求。以 2023 年江苏省南京市考录职位表为参考，在 805 个岗位中有 87 个岗位要求有基层工作经历，招收面向服务基层项目的人员。

特殊人群

在公务员岗位中，会根据需要对某类特殊群体设置专门的岗位，例如残障人士。这是为了确保公务员队伍的多样性和包容性，并给予残障人士公平的就业机会。相关政策和措施会针对残障人士提供合适的工作环境和工作条件，以使其能够有效地履行公务员职责。这些岗位通常会提供相应的辅助设施和支持，以确保残障人士能够充分发挥自己的能力和才华。例如，2023 年江苏省南京市建邺区残疾人联合会就面向听力、肢体残疾 3—4 级的残疾人（限南京市户籍或生源）招收从事残疾人教育、就业等服务工作的人员。

大学四年应该怎么规划

大学四年是考公的关键时期，合理规划能够为考公之路提供有力的支持。以下是从多个角度分析给出的建议。

提前了解考试内容：了解目标岗位的招考要求、考试科目和考试内容。

可以通过查阅招考公告、官方网站、参加相关的讲座和培训班等方式，全面了解考试的情况，为备考做好准备。

养成科学的学习方法和做题模式：公务员考试主要分为行测和申论两大部分。行测部分主要包含的题型有言语理解与表达、数量关系、数学运算、判断推理、资料分析、常识判断，这些题型对大部分大学生来讲难度都不算大，考试时的难点在于如何在规定的时间内做完并保证一定的正确率。建议从大一就可以开始学习，大二、大三保持刷题的频率，并且根据自己的掌握情况及题型分值合理安排做题顺序或者以专题练习为主，大四阶段开始套卷练习，模拟真实考试，把控时间和正确率。至于申论部分，需要的是长期练习培养的语感和题感，对各种热点话题的敏感度，所以最好每周都指定一个练习的计划。

提高成绩取得专业证书：在大学期间，通过努力提高自己的学业成绩，取得相应的专业证书。在一些特定的岗位要求中，这些证书可以作为很好的敲门砖，同时考证也能够加强自己在相关领域的专业知识和能力。比较重要的证书如大学期间的四、六级证书以及各专业相关的从业资格证。

积极参加社会实践：参加社会实践可以帮助学生更好地了解社会，增加社会经验，提升人际交往能力。学生在校期间可以参加暑期实习、志愿者活动、社团组织等，积累社会经验，同时也为简历增添亮点。

竞选班级干部、学生会主席：参与学校的组织管理工作，可以提升领导能力，增强团队合作精神。竞选班级干部、学生会主席等职位，可以锻炼组织能力和管理能力，同时也能够拓宽自己的人脉资源。争取获得"三好学生"之类的奖项，再加上在班级及社团的组织管理工作经历，就可以尝试选调这条路。

申请入党：如果符合条件，可以考虑积极申请入党。入党可以提升自己的党性修养、思想觉悟和服务意识，同时也有很多岗位是专门为党员（含预备）而设立的。

关注考试动态：大四期间及时关注相关考试动态和政策变化，了解考试形式和出题风格，不断提高自己的应试能力。

总之，如果你从踏入大学校门那一刻起就想考公，那么大学四年就要从多个方面综合考虑好好规划，包括了解考试内容、养成科学的复习方法、提高成绩取得专业证书、积极参加社会实践、竞选班级干部和学生会主席、入党、关注考试动态等。通过合理规划，努力奋斗，相信各位一定能够在考公的道路上取得优异的成绩，实现自己的目标！

总结

公务员一直以来都被标以"铁饭碗"标签，以上内容就如何当上公务员给大家进行了介绍。收入稳定、工作稳定，确实是很多人为之努力的原因，但归根结底，作为国家公职人员，需要不忘初心，时刻牢记为人民服务的使命，这样才能走得更远。如果你觉得公务员只是一个"躺平"的避风港，那不如趁早打消考公的念头，你即使蒙混过关，将来也注定会被人民群众淘汰。

那些踏入大学校门时就已经做好考公打算的学生，一定要提早规划，毕竟想要顺利走过这座"独木桥"，还得靠自身过硬的实力。大学四年时间，养成科学的解题方法和做题习惯，持之以恒，终会上岸。

第六章

事业编

公务员的『平替之选』

导言

　　事业编制是指由国家财政负担工资福利开支的单位人员编制，为国家创造或改善条件，提高社会福利，满足人民文化、教育、卫生等需要。

　　最近几年的就业竞争越来越激烈，大家都想有个稳定的工作，越来越多的人加入考编大军，不少"小白"也着手开始复习，但是大多数人对事业编制却了解甚少，不知道报考方向、报名条件、考试内容，以及哪些岗位可以优先选择……接下来我们从这些问题入手，进一步加深大家对事业编制的认识，帮助同学们更快搭上一条上岸的船。

事业编制

按照经费形式，事业编制可划分为四个类别：参公事业编、全额拨款事业编、差额拨款事业编、自收自支事业编。

参公事业编

"参公"即参照《中华人民共和国公务员法》（以下简称《公务员法》）管理，人员招录和使用也和公务员一样，必须参加省考、国考。参照公务员管理的事业单位，其人员编制仍然在事业编制序列，然而其经费渠道、人员管理等，均按照公务员管理办法进行管理。

参照《公务员法》管理事业单位编制人员，由省委组织部统一组织人员招考。但是机构改革以后，从2024年开始，省级以下参公人员逐步减少，原有的参公人员采用"退一收一"的原则，逐步解决参公事业编制这一历史遗留问题。目前使用参公编制的单位不多，例如党校、史志室、农机站、调查队、供销社、各地政府大数据相关部门、旅游发展中心、地震办公室、残疾人联合会、社会科学界联合会、文学艺术界联合会等。

参公事业编中，人员的工资不再以职称而晋升，而是以职级而晋升；原先的中级、副高或高级职称一经"参公"，一律取消，只能使用科员、副主任科员、主任科员的称呼。此外，如果工作需要，参公人员可以直接调至政府机关工作。由此可见，这类岗位编制的人员待遇很好，晋升空间也比较大。

全额拨款事业编

全额拨款亦称财政核拨，是指由相关部门或政府部门直接拨款。由于近几年公务员的编制比较紧张、人数较多、负担较重，成立事业单位在一定程度上缓解了公务员编制较少问题，全额拨款事业编也就顺理成为考生继参公事业单位之后最好的考编选择。

全额拨款事业编的事业单位主要有图书馆、文化馆、各级公办学校、档案局、文化中心、动物疫病控制中心、园林处、公园、绿化站、城肥所、环卫处、疾控中心、防治站等。

差额拨款事业编

差额拨款亦称财政核补，是指国家财政及相关部门提供一部分拨款，招聘单位负责一部分财政。很多人对差额拨款事业单位不是特别看好，觉得待遇肯定会比全额拨款事业单位差，其实不然。有的差额拨款事业单位的福利待遇反而比较好。

差额拨款事业编主要存在于有收入又承担政府社会职能的单位，比较常见的是医院和非义务教育阶段（公办高中）的学校。还有一些地方性的服务性机构，比如殡葬服务中心。

自收自支事业编

依据政府或物价部门的批准自行收取各项行政性收费,然后按当地财政核定的比例留出部分资金用于本单位的日常开支及工资发放的一种编制制度。随着近几年事业单位改革的推进,一些明显具有行政执法性质的单位会转为公务员单位或全额拨款事业单位,还有一些会转为国有企业。

1. 工勤编

多数为有技术但没有学历的技术工人,工资收入比一般事业编低,但比社会普通技术工人的工资要高。

2. 临时工

临时在政府等机关单位工作,不享受事业编制和公务员的基本待遇。

3. 政府雇员

政府机关根据工作的特殊需要,从社会上雇用的法律、金融、经贸、城建、规划、信息、外语及高新技术等方面的专门人才。他们不占用行政编制,不具有行政职务,不行使行政权力,完全按契约化管理,只从事某项专业性工作。

这三类人员中,政府雇员的待遇相对而言是最好的。很多单位招聘中高级政府雇员,通常年薪在当地处于中上水平。不过,这和应聘者自身的价值有关系,需要具备相应的能力和本事才能成为中高级政府雇员。

事业单位

事业单位是国家为了社会公益目的，由国家机关举办或者其他组织利用国有资产举办的，从事教育、科技、文化、卫生等活动的社会服务组织。

事业单位类别

类别	单位名称
教育事业单位	高等教育事业单位、中等教育事业单位、基础教育事业单位、成人教育事业单位、特殊教育事业单位、其他教育事业单位
科技事业单位	自然科学研究事业单位、社会科学研究事业单位、综合科学研究事业单位、其他科技事业单位
文化事业单位	演出事业单位、艺术创作事业单位、图书文献事业单位、文物事业单位、群众文化事业单位、广播电视事业单位、报纸杂志事业单位、编辑事业单位、新闻出版事业单位、其他文化事业单位
卫生事业单位	医疗事业单位、卫生防疫检疫事业单位、血液事业单位、计划生育事业单位、卫生检验事业单位、其他卫生事业单位
社会福利事业单位	托养福利事业单位、康复事业单位、殡葬事业单位、其他社会福利事业单位
体育事业单位	体育竞技事业单位、体育设施事业单位、其他体育事业单位
交通事业单位	公路维护监理事业单位、公路运输管理事业单位、交通规费征收事业单位、航务事业单位、其他交通事业单位
城市公用事业单位	园林绿化事业单位、城市环卫事业单位、市政维护管理事业单位、房地产服务事业单位、市政设施维护管理事业单位、其他城市公用事业单位
农林牧渔水事业单位	技术推广事业单位、良种培育事业单位、综合服务事业单位、动植物防疫检疫事业单位、水文事业单位、其他农林牧渔水事业单位
信息咨询事业单位	信息中心、咨询服务中心（站）、计算机应用中心、价格信息事务所、农村社会经济调查队、企业经济调查队、城市社会经济调查队

续表

类别	单位名称
中介服务事业单位	技术咨询事业单位、职业介绍（人才交流）事业单位、法律服务事业单位、经济监督服务事业单位、其他中介服务事业单位
勘察设计事业单位	勘察事业单位、设计事业单位、勘探事业单位、其他勘察设计事业单位
地震测防事业单位	地震测防管理事业单位、地震预报事业单位、其他地震测防事业单位
海洋事业单位	海洋管理事业单位、海洋保护事业单位、其他海洋事业单位
环境保护事业单位	环境标准事业单位、环境监测事业单位、其他环境保护事业单位
检验检测事业单位	标准计量事业单位、技术监督事业单位、质量检测事业单位、出入境检验检疫事业单位、其他检验检测事业单位
知识产权事业单位	专利事业单位、商标事业单位、版权事业单位、其他知识产权事业单位
后勤服务事业单位	机关后勤服务事业单位
其他类事业单位	如环保事业单位、某某工程项目指挥部等

事业单位改革

随着事业单位改革的深化，《中共中央 国务院关于分类推进事业单位改革的指导意见》明确将现有事业单位按照社会功能划分为承担行政职能、从事生产经营活动和从事公益服务三个类别。

1. 承担行政职能的事业单位

对于完全承担行政职能的事业单位，即承担行政决策、行政执行、行政监督等职能的事业单位，认定行政职能的主要依据是国家有关法律法规和中央有关政策规定。这类单位逐步将行政职能划归行政机构，或转为行政机构。今后，不再批准设立承担行政职能的事业单位。如果调整为行政机构的内设机构，其人员可转为公务员或安置到其他事业单位，但编制不得突破政府机构限额和编制总额。

对于部分承担行政职能的事业单位，如果将属于政府的职能划归行政机构后，任务不足的事业单位予以撤销或并入其他事业单位，其人员也随之分流。这类事业单位的职能任务主要包括：渔政渔港监督管理、海监、海事和航运管理（港口管理）、公路行政管理、道路运输管理、动物卫生监督、移民管理、文物管理、无线电管理、农机管理、草原管理等。

2. 从事生产经营活动的事业单位

从事生产经营活动的事业单位，即所提供的产品或服务可以由市场配置资源、不承担公益服务职责的事业单位。这类单位要逐步转为企业或撤销。转制单位注销事业单位法人，核销事业编制；在职职工也会转为签订劳动合同，而不再是原有的事业单位聘用合同。

3. 从事公益服务的事业单位

从事公益服务的事业单位，即面向社会提供公益服务和为机关行使职能提供支持保障的事业单位。这类事业单位情况比较复杂，基本功能、服务对象、运行机制、面临的问题、改革重点各不相同，需要区分情况实施不同的改革举措。

改革后，只有这类单位继续保留在事业单位序列，根据职责任务、服务对象和资源配置方式等情况，细分为不同类别。

（1）公益一类事业单位

承担义务教育、基础性科研、公共文化、公共卫生及基层的基本医疗服务等基本公益服务，不能或不宜由市场配置资源。这类单位不得从事经营活动，其宗旨、业务范围和服务规范由国家确定。

·**教育类**：义务教育、特殊教育、党校、行政学院、社会主义学院、公益性宣教机构（党员电化教育、讲师团等）、考试机构等。

•**科研类**：基础研究或社会公益性科研等。

•**文体类**：公共图书馆、档案馆、博物馆、纪念馆（烈士陵园）、美术馆、科技馆、群艺馆（文化馆）、文物考古保护、文献情报、广电信号传输和技术监测、出版物审读、体育运动项目管理等。

•**卫生类**：疾病（疫病）预防控制、妇幼保健、精神卫生、应急救治、采供血、计划生育服务、政府举办的乡镇卫生院和社区卫生服务中心等。

•**社会保障类**：社会救助、社会保障经办和公积金管理、优抚安置、法律援助、婚姻登记、公共就业服务、社会福利机构、公益性残疾人康复机构、老龄妇幼工作机构、学生资助管理、离退休干部服务等。

•**公共安全类**：人工影响天气、防汛抗旱防火、应急救援指挥、无线电监测、人防指挥保障、信息安全保障、重要或应急物资储备等。

•**社会经济服务类**：基础测绘和公益性地质调查、农机安全监理、经济社会调查与统计、渔业船舶检验、植物检疫、地震监测、环境监测、网络监测、工程标准定额、自然资源保护、纯公益性水利工程管理、流域河道管理、园区管理服务、水文（水资源）监测、价格监测、价格认证、药品和医疗器械审评、生态公益型林场、公共资源交易、土地整理储备、实行无偿服务的农业技术推广、乡镇（街道）综合为民服务等。

•**行政辅助类**：质量稽查、食品药品稽查、国土监察、环境监察、安全生产监察、劳动保障监察、交通运输监察、文化市场综合执法、城市综合执法、农业监察、林业监察、水利监察、财政监察、节能监察、旅游监察、卫生监督、知识产权管理、档案管理、水土保持监督监测、散装水泥管理、政策研究、劳动人事争议仲裁、政府投资和经济责任审计、财政资金评审支付、政府资金和项目管理、举报投诉维权、电子政务、土地房屋征收与补偿、金融协调与服务、建设工程质量和安全监督、驻外省市联络机构等。

（2）公益二类事业单位

承担高等教育、非营利医疗等公益服务，可部分由市场配置资源。这类单位按照国家确定的公益目标和相关标准开展活动，在确保公益目标的前提下，可依据相关法律法规提供与主业相关的服务，收益的使用按国家有关规定执行。

• **教育类**：普通高中、普通高校、技工技师和职业院校、电大函授及远程教育、老年大学、幼儿园等。

• **科研类**：基础应用科研等。

• **文体类**：文艺院团、文化宫、公园、体育场馆、体育训练基地、青少年宫、妇女儿童活动中心等。

• **卫生类**：非营利性医疗保健、职业病疗养等。

• **社会经济服务类**：人才交流服务、人防工程管护、对外交流服务、种苗良种培育、混合经营型林场、准公益性水利工程管理、公益性地质勘查、实行有偿服务的农业技术推广等。

（3）其他事业单位（原公益三类）

时政类报刊、广播电视、彩票发行、公益性规划设计、土地房屋权属登记、公益性培训机构、公证、重要涉密文印机构、经济仲裁、殡葬服务等。

事业单位薪资待遇

1. 基本工资

事业单位基本工资包括岗位工资和薪级工资。

岗位工资以岗位权利、责任、劳动强度、劳动条件、劳动技能、重要性、安全系数等评价要素确定的岗位系数为支付工资报酬的根据。岗位工资对岗不对人，工资多少以岗位为转移，以岗定薪，岗变薪变。

薪级工资是因工作人员的工作表现和资历而设立的工资薪级，主要体现工作人员的工作表现和资历。薪级工资标准由相应的"薪级"确定，对专业技术人员和管理人员设置65个薪级，对工人设置40个薪级，每个薪级对应一个工资标准。

2. 绩效工资

事业编制岗位在职员工的绩效工资，主要的参考依据是工作人员的实际贡献和成果。国家对事业单位在职员工绩效工资的分配会进行总量调控和政策指导，事业单位在核定的绩效工资总量内按照规范程序要求自主分配。

这部分工资因地区、单位的不同而有差异。在偏远落后地区，浮动工资较低，月收入较低；而在沿海经济发达城市，浮动工资较高，月收入较高。

一些需要担负领导职责的岗位，随着专业技术级别的提升，可以承担更多责任并获得更多的收益，比如医院和高校中达到一定的专业技术级别的领导。

3. 津贴补贴

（1）艰苦边远地区津贴

主要根据自然地理环境、社会发展等方面的差异，对在艰苦边远地区工作生活的工作人员给予适当的补助。

（2）特殊岗位津贴补贴

对在苦、脏、累、险及其他特殊岗位工作的人员实行特殊岗位津贴补贴，国家统一制定特殊岗位津贴的项目、标准和实施范围。

考试相关

报考流程

事业单位发布招聘公告→求职者报名与资格审查→笔试→资格复审→面试→体检→政审→公示→办理聘用手续。

招聘、报考条件

1. 基本条件

拥有我国国籍，遵纪守法，拥护《中华人民共和国宪法》，品行良好。

2. 年龄限制

一般是18—35周岁，年龄在35周岁以下的社会人群和即将毕业的大学生，个别岗位会放宽年龄限制，应届硕士研究生和博士研究生（非在职）人员年龄可放宽到40周岁以下，特殊类如专业技术岗位会对硕士、博士放宽至40—45周岁。

3. 学历限制

基本要求专科及以上学历，但大多数要求本科及以上学历，另外还有全日制和非全日制的区别。

专转本是全日制学历，可以按照全日制本科报名。专升本、成人自考、函授，这些都不是全日制学历。

4. 专业限制

大部分岗位都会限制专业，所学专业与岗位要求的专业相匹配。要么报本专业的岗位，要么报"三不限"。

5. 工作经验限制

有的岗位要求 2 年以上的工作经验，有工作经验的需从签订劳动合同的那天开始算。

6. 户籍限制

以江苏事业单位统考为例，大部分考试不限户籍，往年只有部分苏南地区限户籍，2022 年后全省无户籍限制，极少特殊岗位有限制，会在岗位表或公告里说明，如残疾人、退役兵等。

7. 不得报考的情形

· 不符合岗位招聘条件的人员；

· 在读的全日制普通高校非应届毕业生；

· 现役军人；

· 在各级各类事业单位公开招聘中因违反《事业单位公开招聘违纪违规行为处理规定》被记入事业单位公开招聘应聘人员诚信档案库，且记录期限未满的人员；

· 曾因犯罪受过刑事处罚的人员和曾被开除公职的人员、受到党纪政纪处分期限未满或者正在接受纪律审查的人员、处于刑事处罚期间或者正在接受司法调查尚未做出结论的人员；

· 按照国家、省有关规定，尚在最低服务年限内的机关、事业单位正式在编工作人员；

·法律法规规定不得参加报考或聘用为事业单位工作人员的其他情形人员。

另外，招聘对象不得报考聘用后即构成《事业单位人事管理回避规定》第六条所列情形的岗位。

报名方式

网络报名，具体信息见各省人事考试网。

笔试

按照此前人力资源和社会保障部人事考试中心发布的《事业单位公开招聘分类考试公共科目笔试考试大纲》进行笔试。相较于公务员考试的公共科目，事业单位招聘考试分类更细致，考查内容也更具专业性。各省（市）笔试科目可能会有差异，需关注具体考试要求。

1. 笔试内容

（1）职业能力倾向测验

主要测查应试人员与岗位工作密切相关的、适合通过客观化纸笔测验方式进行考查的基本素质和能力要素。考试题型、知识点和考查方式实际上与公务员考试中的行测是一样的，试题难度比公务员考试小。

（2）综合应用能力

旨在测查应试人员综合运用相关知识和技能发现问题、分析问题、解决问题的能力。与公务员考试中的申论命题形式很类似，都是给出材料提出问题让考生作答。所不同的是，科目差异较大，综合应用能力考试主要偏重于考查岗位所需的解决实际问题的能力，如各个类别中的沟通协调能力、调查研究能力、数据加工能力、教师自主发展能力、临床思维技能等。

个别岗位会考专业课，比如卫生系统会考医学基础知识和护理基础知识，教育系统会考教育学、心理学、教育法律法规及各学科专业知识等。

2. 笔试方式及时间

（1）统考

每年上半年都有几个省（市）固定组织事业单位统考——上海、山东、湖北、江苏、浙江、广东、福建、河南（2023年新增）。

（2）联考

多省份以相同时间、相同内容、相同评分标准进行的事业单位联合考试。

近年来，联考形式已渐趋正规，成为等同公务员招考的国家级招聘考试，一般是一年中事业单位招聘最集中、人数最多的。联考固定在每年5月和10月前后。

（3）单招（散招）

一般地级市或县级市单独组织的事业单位招聘可在当地人事考试网获取相关招考信息。一些单独的事业单位招聘，公告不是固定时间出，也不是固定时间笔试，但是每年笔试科目变化不大。

3. 考试类别

基于对专业素养以及岗位职能的需求，选拔要遵循"人岗匹配"原则，不同岗位考查的内容不同，考试按照岗位性质分为五类。

（1）A类（综合管理类）

主要适用于事业单位中以行政、事务和业务管理为主的岗位，具体从事的是规划、资讯、决策、组织、指挥、协调、监督及机关内部管理工作。

招聘专业主要为汉语言与文秘类、法律类、新闻传播类、治安学、治安管理、社会工作、老年服务、青少年服务、思想政治教育、安全工程、公共事业管理、行政管理、人力资源管理等。

"三不限"的岗位竞争很大，报考人数非常多，一般作为最后的保底选择，优先本专业报考。

考试科目	所含科目	具体内容
	A类（综合管理类）	
职业能力倾向测验（A类）	常识判断	主要测查应试人员应知应会的基本知识以及运用这些知识进行分析判断的基本能力，重点测查综合管理基本素质，涉及国情、政治、经济、文化、法律、科技等方面
	言语理解与表达	主要测查应试人员准确理解和把握文字材料内涵，进行思考和交流的能力，包括理解语句之间的逻辑关系，概括材料主旨，把握主要信息及重要细节，准确和得体地遣词用字、表达观点等
	数量分析	主要测查应试人员理解、把握事物间量化关系和解决数量关系问题的能力，主要涉及数据关系的分析、运算和推断等
	判断推理	主要测查应试人员对各种事物关系的分析推理能力，涉及对图形、语词概念、事物关系和文字材料的理解、比较、组合、演绎和归纳等
综合应用能力（A类）	以主观试题为主	主要测查应试人员的管理角色意识、分析判断能力、计划与控制能力、沟通协调能力和文字表达能力。试卷由注意事项、背景材料和试题三部分组成，以主观性试题为主。试题内容主要涉及事业单位管理岗位典型的工作任务，如观点归纳、资料分类、草拟信函、会务安排、应急处理、联络通知等

(2) B类（社会科学专技类）

主要适用于事业单位人文社科类要求具备相应专业技术知识的岗位，如记者、律师、出版编辑、公证员、会计、翻译、艺术专业工作者（导演、编剧、作曲、指挥等）等。

招聘专业主要为会计与审计类、汉语言文学、公共艺术、经济管理类、土地资源管理、市场营销、金融学、财务管理、法学、审计学、旅游管理、文物保护、历史学类、统计学、行政管理、财政税收等。

考试科目	所含科目	具体内容
B类（社会科学专技类）		
职业能力倾向测验（B类）	常识判断	主要测查应试人员应知应会的基本知识以及运用这些知识进行分析判断的能力，重点测查历史、哲学、文化、政治、经济、法律等方面的人文素养
	言语理解与表达	主要测查应试人员迅速准确地理解和把握文字材料内涵，进行思考和交流的能力，包括理解语句之间的逻辑关系，准确辨析词义，正确进行词语搭配，在此基础上根据上下文逻辑关系和语境进行语序排列、选择恰当的词语和句子完成语句表达等
	数量分析	主要测查应试人员理解、把握事物间量化关系和解决数量关系问题的能力，以及对各种形式的文字、图表等资料进行综合理解与分析加工的能力，主要涉及数据关系的分析、运算和推断等。常见题型有数学运算、资料分析等
	判断推理	主要测查应试人员对各种事物关系的分析推理能力，涉及对图形、语词概念、事物关系和文字材料的理解、比较、组合、演绎和归纳。常见题型有图形推理、定义判断、类比推理、逻辑判断、综合判断推理等
综合应用能力（B类）	以主观试题为主	旨在测查应试人员综合运用相关知识和技能发现问题、分析问题、解决问题的能力。试卷以主观性试题为主，主要题型包括概念分析题、校阅改错题、论证评价题、材料分析和写作题等。每次考试从上述题型中组合选用

(3) C类（自然科学专技类）

主要适用于一般性自然科学专业技术岗位，如工程师、实验员、农艺师、统计员、技工学校教师等。

招聘专业主要为计算机科学与技术类、食品科学、化学、影视摄影与制作、土木工程、电气工程及其自动化、车辆工程、网络工程、地理信息科学、软件工程、测绘工程、地质工程、地球化学、地下水科学与工程、资源勘查工程、地质矿产勘查、区域地质调查及矿产普查、消防工程、交通运输、交通运输管理、桥梁与隧道工程、水利水电工程、农业水利工程、水利水电建筑工程、动物医学、动物科学、草业科学、森林资源类、风景园林、电力技术类等。

C类（自然科学专技类）		
考试科目	所含科目	具体内容
职业能力倾向测验（C类）	常识判断	主要测查应试人员应知应会的基本知识以及运用这些知识进行分析判断的能力，主要涉及科学、技术、社会、文化等方面
	言语理解与表达	主要测查应试人员准确理解和把握语言文字内涵，进行思考和交流的能力，包括理解语句之间的逻辑关系，把握主要信息及重要细节，概括归纳主题、主旨，根据阅读内容合理推断隐含信息等
	数量分析	主要测查应试人员理解、把握事物间量化关系和解决数量关系问题的能力，以及对各种形式的文字、图表等资料进行综合理解与分析加工的能力，主要涉及数据关系的分析、运算和推断等。常见题型有数学运算、资料分析等
	判断推理	主要测查应试人员对各种事物关系的分析推理能力，涉及对图形、语词概念、事物关系和文字材料的理解、比较、组合、演绎和归纳等。常见题型有图形推理、定义判断、类比推理、逻辑判断、综合判断推理等
	综合分析	主要测查应试人员运用自然科学的基本思想和方法分析解决问题的能力。主要包括对事物性质、关系、规律的量化、分析、归纳，找出解决问题的思路方法，选择解决问题的最优途径等
综合应用能力（C类）	以主观试题为主	旨在测查应试人员综合运用相关知识和技能发现问题、分析问题、解决问题的能力。试卷以主观性试题为主，主要题型包括科技文献阅读题、论证评价题、科技实务题、材料作文题等。每次考试从上述题型中组合选用

（4）D类（中小学教师类）

即教师招聘考试，含小学（幼教）教师、中学教师、中等专业学校教员。竞争激烈，师范生和非师范生都在报考。

D类（中小学教师类）		
考试科目	所含科目	具体内容
职业能力倾向测验（D类）	常识判断	主要测查应试人员是否具备从事教育工作所需要的基本知识以及运用这些知识进行分析判断的基本能力，是否具有广博的知识面，主要涉及教育、文化、历史、政治、自然、经济、法律等方面
	言语理解与表达	主要测查应试人员迅速准确地理解和把握语言文字内涵，运用语言文字进行思考和交流的能力，包括查找主要信息及重要细节，正确理解指定词语、语句的含义，概括归纳主题、主旨，判断新组成的语句与阅读内容原意是否一致，根据阅读内容合理推断隐含信息，判断作者的态度、意图、倾向、目的，准确、得体地遣词用字、表达观点
	数量分析	主要测查应试人员理解、把握事物间量化关系和解决数量关系问题的能力，主要涉及数据关系的分析、推理、判断、运算等。常见题型有数学运算、资料分析等
	判断推理	主要测查应试人员对各种事物关系的分析推理能力，涉及对图形、语词概念、事物关系和文字材料的理解、比较、组合、演绎和归纳等。常见题型有图形推理、定义判断、类比推理、逻辑判断、综合判断推理等
	策略选择	主要测查应试人员面对教育情境感知理解、分析判别、权衡选择恰当策略的能力。这部分题目的题面陈述了一个教育情境，主要考查应试人员面对各种问题的分析、处理能力，包括根据情境采取恰当措施进行管理组织的能力、根据情境采取合适的方式与他人沟通合作的能力等
综合应用能力（D类）	以主观试题为主	旨在测查应试人员综合运用教育学、心理学等相关知识和技能，分析、解决中小学教育教学问题的能力。试卷主要题型包括辨析题、案例分析题、教育方案设计题等

（5）E类（医疗卫生类）

主要适用于医疗卫生机构的专业技术岗位，如医师、药师、护士、技师等。医疗卫生类专业性较强，有一定的门槛，竞争相对而言没那么激烈，但是这种行业需要相当高的专业素质,难度不低。

考试科目	所含科目	具体内容
E类（医疗卫生类）		
职业能力倾向测验（E类）	常识判断	主要测查应试人员从事医疗卫生工作应知应会的基本知识以及运用这些知识进行分析判断的基本能力,涉及医学、社会、法律、文化、自然、科技等方面
	言语理解与表达	主要测查应试人员运用语言文字进行思考和交流,迅速准确地理解和把握语言文字内涵的能力,包括查找主要信息及重要细节,正确理解指定词语、语句的含义,概括归纳主题、主旨,根据阅读内容合理推断隐含信息,准确、得体地遣词用句、表达观点
	数量分析	主要测查应试人员理解、把握事物间量化关系和解决数量关系问题的能力,主要涉及数据关系的分析、推理、判断、运算等。题型主要有数学运算和资料分析等
	判断推理	主要测查应试人员对各种事物关系的分析推理能力,涉及对图形、语词概念、事物关系和文字材料的理解、比较、组合、演绎和归纳等。常见的题型有图形推理、定义判断、类比推理、逻辑判断、综合判断推理等
	策略选择	主要测查应试人员面对医疗卫生情境感知理解、分析判别、权衡选择恰当策略的能力。主要涉及医患沟通和医患矛盾应对等
综合应用能力（E类）	以主观试题为主	旨在测查应试人员综合运用医疗卫生相关知识和技能,分析、解决问题的能力。试卷由客观题和主观题构成,主要题型包括选择题、案例分析题及实务题等

面试

·**结构化**：流程、答题时间和评分标准都是一致的,比较公平规范,降低了人为的可操作性。

·**半结构化**：在结构化的基础上随机增加提问,更灵活。

·**无领导小组**：一组考生一起解决给定的问题,根据每个人的表现给分。

其中结构化面试是最常见的形式,出现频率高达90%以上。这种形式的试题内容主要分为以下几种类型：自我认知类、综合分析类、计划组织类、沟通协调类和应急应变类等。面试中对语言表达能力、思考力和解决问题能力的考查是重中之重。

事业单位考试与公务员考试有何区别

对比项目	事业单位招考	公务员招考
发起机构	各用人单位人事部门	中央组织部、人力资源和社会保障部、国家公务员局（国考）；省、市委组织部和人事厅（省考）
笔试组织实施机构	用人单位委托省级、地级市的人力资源和社会保障厅（局）所属人事考试中心命题、组织报名、考试，并交用人单位成绩名单，部分单位自行命题组织实施	人事部公务员管理司，各省、市人事厅（局）所属人事考试中心
举办的统一性	目前尚无全国和全省、市统一招考，最多县级各个单位统一招考，一般是各个单位单独发公告招考	国考每年一次，各省、市每年一次或者两次，个别单位如警察招考可能单独举办
报名方式	规模较大的考试采用网络报名，规模较小的考试采用现场报名	网络报名
笔试科目	公共科目为职业能力倾向测试和综合应用能力两科	公共科目为行政职业能力测试和申论两科，部分岗位有专业科目考试
分数计算方法	笔试和面试基本上各占一半，一般无最低分数线	笔试和面试基本上各占一半，一般设置总分最低线，个别设单科最低线
人事编制	录用后是事业单位编制	录用后是公务员编制
面试组织方式	在事业单位人事组织部门指导下进行	国家人力资源和社会保障部统一指导
招考公告发布网站	各用人单位官方网站	国家人力资源和社会保障部网站
考试难度	相对而言，报考人数较少，考试比较容易	由于报考人数较多，竞争激烈，增加了考试难度
上报职位需求	由本单位人事部门决定，报上级主管部门批准	由各用人单位上报国家人力资源和社会保障部（国考）或人事考试中心（省考）

获取考试信息与备考渠道

中国公共招聘网：人力资源和社会保障部主办的公共就业服务网。

各地区的人力资源和社会保障厅（局）、事业单位管理部门等官方网站会发布相关的考试信息，包括考试时间、报名方式、考试大纲等内容。

招聘公告：事业编考试通常通过招聘公告发布信息，可以通过关注各地区的招聘公告或者事业单位招聘网站获取相关信息。

考试培训机构：一些专门的考试培训机构会开设事业编考试的培训班，提供备考指导、模拟考试等服务。通过参加培训班可以获取更详细的考试信息和备考资料。

考试指南和参考书籍：市面上有一些针对事业编考试的考试指南和参考书，这些书通常包含考试大纲、历年真题、备考技巧等内容，可以帮助考生了解考试内容和提高备考效果。

总结

相比于企业，事业单位的工作较为稳定，不容易受到市场经济大起大落的影响。而且，作为由政府负责的公共服务机构，事业单位的生存和发展也得到了政府的保障。这种稳定性使得事业单位成为许多人求职的首选。

事业单位的福利待遇也是其吸引力所在。事业单位往往有较完善的五险一金制度,假期安排充裕,对员工的福利待遇关注度较高。在求职者看来,这是一种对其劳动成果的保障和尊重。

事业单位每年会有一次联考,部分地区有两次联考,招录规模较大,除此之外多为全省市和县级统一招考,各个单位也会单独招考,相对来说比公务员的报考机会多很多。

对报考门槛而言,事业单位没有公务员那么多限制,有很多岗位不限专业,不限应届生,大专学历也可以报考,年龄18—35周岁,户籍不限。这就形成了更利好的招聘环境。

事业单位也为个人提供了良好的发展空间。在事业单位工作,可以接触到各种专业知识,提升自己的专业素质。同时,事业单位的晋升机会也比较公正,对有志向的人来说,是一个不错的发展平台。

许多人选择事业单位,是因为其工作的公益性。事业单位的职责是提供公益性服务,如教育、科研、文化、卫生等。对有志于从事这些工作的人来说,事业单位无疑是最佳的选择。在事业单位工作,可以实现个人价值,同时也为社会做出贡献。

第七章 国企系列 银行系统

导言

银行系统是金融领域的重要组成部分，它包括各种类型的银行及农村信用合作社等。这些机构在我们的日常生活中扮演着至关重要的角色，不仅为我们提供各种金融服务，而且对国家的经济发展和社会稳定产生重大影响。

从就业层面来看，银行系统一直以来都被视为一种稳定、高薪且具有社会地位的职业选择。然而，实际上在银行系统的各个岗位之间，工作内容和收入也存在较大的差异。

在薪资水平方面，不同类型的银行和岗位有着不同的薪资标准。一般而言，大型国有银行的薪资水平会相对较高，根据各大招聘平台目前发布的职位薪资来看，年薪基本能达到 20 万元左右[1]，而一些中小型股份制银行和外资银行的薪资水平也不逊色。在城市差异方面，一线城市和部分发达二线城市的薪资水平会相对较高，而其他地区的薪资水平则会有所降低。此外，随着个人能力和职位的提升，薪资水平也会相应提高。

本章将从银行系统的机构设置、招聘岗位、招聘要求、招聘流程、查询途径及一些常见问题几个方面展开。

---

[1] 由于地区不同，加上总行与各支行存在一定差距，此处数据仅供参考。

机构设置

银行是依法成立的经营货币和信用业务的金融机构。银行可分为中央银行、政策性银行、商业银行、投资银行等类型，它们的职责各不相同。

不过国内银行的组织架构都差不多，下面就给大家展示一下国有四大银行中的中国工商银行截至2021年年末的组织架构。[1]

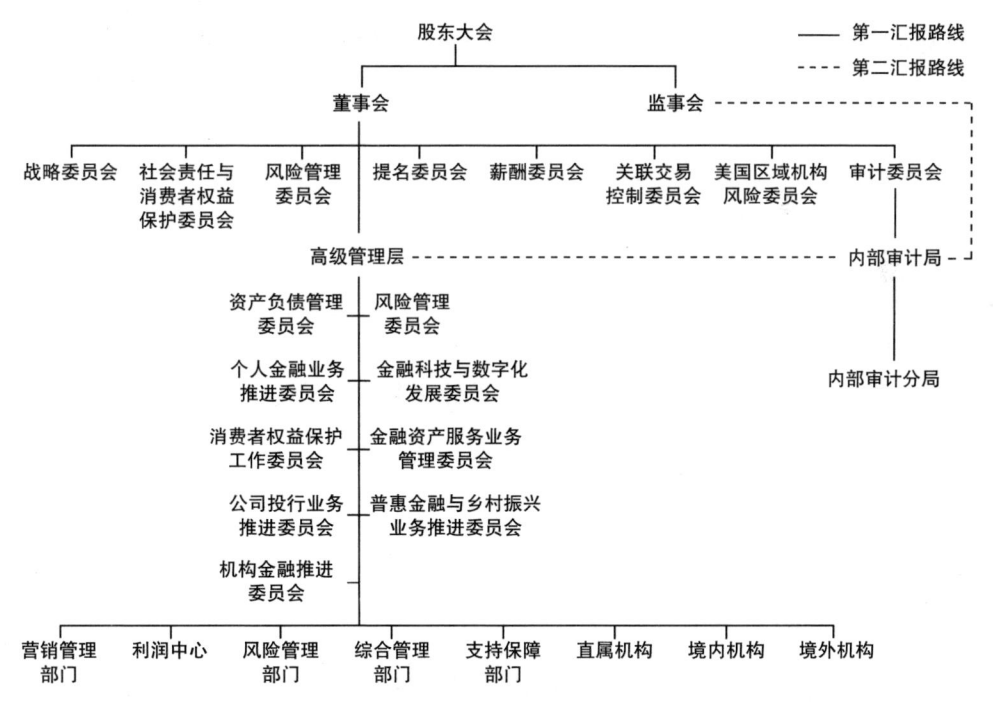

```
                              股东大会                      ——— 第一汇报路线
                    ┌────────────┴────────────┐            ----  第二汇报路线
                  董事会                     监事会 -------------------┐
  ┌────┬────────┬────────┬────────┬────────┬────────┬────────┐        │
战略   社会责任与  风险管理   提名     薪酬    关联交易   美国区域机构   审计  │
委员会  消费者权益  委员会   委员会   委员会   控制委员会  风险委员会   委员会 │
        保护委员会                                                    │
                            高级管理层 ----------------------- 内部审计局 ┘
                      ┌──────────┬──────────┐
                   资产负债管理    风险管理
                     委员会        委员会                   内部审计分局
                   个人金融业务  金融科技与数字化
                   推进委员会    发展委员会
                   消费者权益保护  金融资产服务业务
                   工作委员会      管理委员会
                   公司投行业务   普惠金融与乡村振兴
                   推进委员会     业务推进委员会
                   机构金融推进
                     委员会
  ┌──────┬──────┬──────┬──────┬──────┬──────┬──────┬──────┐
营销管理  利润中心  风险管理  综合管理  支持保障  直属机构  境内机构  境外机构
 部门              部门     部门     部门
```

---

[1] 来源于中国工商银行官网。

招聘岗位

银行招聘的岗位较多，不同银行的划分标准不一，但总体上是按照业务板块分为前台、中台和后台。

前台直接面对客户，负责业务拓展，提供一站式服务，主要是柜员、客户经理、客服人员等。

中台通过分析宏观市场环境和内部资源情况制定业务发展战略，进行风险控制，比如信贷审批、计划财务、风险管理、产品研发、资金交易之类。

后台为银行运营提供行政、后勤和技术等支持，例如财务中心、呼叫中心、办公室、人力资源、法务、信息技术等部门。

银行系统里的岗位根据不同的级别和职能，主要分为以下几类。

综合柜员

1. 工作内容

主要为客户提供存款、取款等基础性业务服务，负责核对当日柜面业务的各类报表，确保报表数据准确无误，以及相关票据交换、内部账务等工作。综合柜员岗位的工作强度相对较大。

2. 薪资待遇

根据各大招聘平台目前发布的职位薪资来看，中国农业银行、中国工商银行、中国建设银行等银行的综合柜员月薪基本都为4000—8000元。但是地区不同，待遇也有所不同。

3. 专业及学历要求

综合柜员岗一般对专业没有特别的限制，学历要求也相对不高，但是正式职工还是要求本科及以上学历。

规划建议：综合柜员工作相对稳定，除了部分有储蓄金额目标外没有其他太大的业绩压力，但收入也比较有限，而且每天工作结束都要对账，并不是大家所认为的朝九晚六的工作。做好这份工作，需要耐心沉稳，细致专注，具有较好的语言表达能力和亲和力。

客户经理

1. 工作内容

客户经理是从事市场分析、客户关系管理、营销服务方案策划与实施的专业人员，分为理财经理和贷款经理，前者主要负责理财相关事宜，后者则负责贷款事宜，如企业贷款、经营贷款等。其中每个方向又分为对公和对私两个业务板块。客户经理需要建立和维护与客户的良好关系，了解客户需求，为客户提供专业的金融建议和解决方案。

2. 薪资待遇

根据各大招聘平台目前发布的职位薪资来看，客户经理月薪基本为7000—12000元，但不同地区、不同业务板块可能收入略有差异，一般来说，对公客户经理收入优于对私客户经理，经济发达地区要优于经济欠发达地区。

3. 专业及学历要求

客户经理岗一般对专业没有特别的限制，不过大部分从业者都是金融类、经管类专业，其他专业可能需要一定的工作经验，学历要求一般是本科即可，甚至在部分省份的部分岗位专科生也在招聘范围内。

政策解读：客户经理其实就是一种"体制内"的销售，不过相对于其他行业的销售可能业绩压力并不算大，但是作为销售就需要具有较强的人际沟通能力和抗压能力，对市场及客户需求具有较强的洞察力和敏锐性。

信息技术（科技）岗

1. 工作内容

负责整个银行 IT 系统基础设施的规划、设计以及建设；负责全行 IT 系统上线运营以及技术维护；提供产品部门所需要的技术支持服务；安装与维护自助终端；从事有关的数据分析；对新开发的计算机系统、工具进行验收测试，制定实施切换方案。

2. 薪资待遇

根据各大招聘平台目前发布的职位薪资来看，工作 2—3 年后，普遍年薪能达到 15 万—20 万元，但是地区和机构不同，待遇也有差异。

3. 专业及学历要求

银行信息技术岗招收专业以计算机、电子信息等信息科技类及数理统计类为主，部分分支机构不限专业，学历要求为全日制本科及以上。

规划建议：对学计算机、数学、统计等专业的学生来说，如果将来追求稳定，银行的信息技术岗也是个不错的选择，相对于互联网行业的技术要求较低；不过稳定的重复性工作同时也意味着收入远远比不上互联网等热门行业。

管培生

1. 工作内容

各部门岗位轮岗实习，了解整个银行运作流程，为各级机构管理类岗位提供基础人才储备。

2. 薪资待遇

管培生薪资 = 基本薪资 + 业绩提成 + 绩效奖金 + 各类补贴，应届生的月薪一般在 6000—12000 元，股份制银行和大型城市商业银行会比传统五大行薪资高一些，在一线城市等发达地区工资也会比较高一些。

3. 专业及学历要求

专业不限，以经济金融类、计算机、电子信息等信息科技类及工程、制造、数学、统计学、物理学等理学类、工学类专业背景为主。一般管理培训生要求本科以上学历；总行管理培训生和定向管理培训生一般要求研究生以上学历，而且"985""211"的求职者简历更容易通过；外国银行很少招聘管理培训生。

政策解读：管培生的筛选条件相对较高，需要具备较强的综合分析、判断决策、人际关系处理与团队领导能力，具有挑战精神、成就欲望和管理潜质，愿意承担具有挑战性的工作任务，抗压能力强。在校园招聘时，对优秀学生干部、三好学生、优秀毕业生、优秀奖学金获得者，以及拥有社团负责人经历、金融行业相关实习经历者，可能会予以优先考虑。

规划建议：以上就是银行机构最常见的几种招聘岗位类型，不过每个岗位因为业务领域的差别也会有更详细的划分。不同岗位之间职责有交叉，也存在职业发展通路。部分岗位还需要具备相关的执业资格或证书，比如风险管理师、理财规划师等需要取得对应的银行从业资格证、特许金融分析师证、基金从业资格证、金融理财师证等。此外，文中给出的各个岗位的薪酬待遇只是参考数据，实际上还会受到个人工作完成情况以及所在的机构和地区等因素的影响。

招聘要求

许多对银行系统感兴趣的人都希望有机会尝试并展示自己的能力，却苦于无法及时获取相关的招聘信息和岗位要求，对招聘流程和模式也只是一知半解，因此无法充分把握这些机会。为了帮助大家更好地了解银行招聘的流程、模式及要求，下文总结了一些相关信息。通过这些信息，大家可以更好地了解银行招聘的各个环节，以便充分准备并成功地把握住机会。

招聘流程及查询途径

银行的招聘一般包含以下几个流程：
网上在线注册报名→笔试→面试→体检→签约录用。

各银行招聘的信息都不是同时发布的，这里给大家整理了一些常见的查询途径。

·**银行官方网站**：各大银行官网上通常都会发布最新的招聘信息，可以在银行官网的招聘栏目查看相关信息。如在中国工商银行官网首页，选择"人才招聘"，进入人才招聘页面后，选择"校园招聘""社会招聘""专项招聘"或"实习生招聘"，即可查看工商银行的招聘信息。

·**综合类招聘网站**：这些网站会收录各银行的招聘信息，可以搜索感兴趣的职位，或者设置招聘信息推送，及时获取最新招聘信息。如在某招聘平台上，在搜索框中输入感兴趣的职位，就可以搜索到相关招聘信息。

·**垂直类招聘网站**：这些网站提供了各大银行的招聘信息、面试经验、模拟笔试等服务，帮助应聘者更好地准备面试。如银行招聘网，汇总了各大银行及其分支机构的招聘信息，可以找到目标机构的招聘信息。

·**社交媒体**：许多银行会在微信公众号、微博等社交媒体平台上发布招聘信息，可以关注感兴趣的银行的官方账号，或者在相关行业的微信群中获取招聘信息。在微信搜索框中输入感兴趣的银行名称，也可以搜索到相关招聘信息。

·**招聘会或校园招聘**：各大银行在招聘时也会组织招聘会或前往高校开展校园招聘，可以留意有关信息，及时报名参加，与企业人力资源招聘负责人面对面交流，了解更多公司信息及招聘要求。如中国农业银行在某高校举办的校园招聘会，可以在学校就业指导中心或相关招聘网站上查看相关信息并报名参加。

除专业外其他招聘要求
（以中国工商银行 2023 年度秋季校园招聘为例）

各银行在招聘时都会有一些基本要求，包括学历、专业背景、综合素质等方面的条件。不同岗位也对应聘者提出了不同的要求。在报考前，一定要仔细了解各个岗位的条件和要求，以便更好地把握机会，提高成功率。

1. 基本要求

·政治素质好，诚实守信，遵纪守法，品行端正；综合素质较好，具有较强的学习能力、沟通能力和团队合作精神；具有良好的心理素质和身体素质。

·校园招聘录用人员须为应届毕业生。

·符合中国工商银行亲属回避相关规定。

2. 学校及学历条件

银行系统招聘通常会对学校层次和学历有具体要求，一般会要求具备本科及以上学历。

但不同职位可能会有不同的学历要求，例如高级管理岗位通常要求硕士研究生学历或以上，而某些银行的客户经理、客服经理岗专科学历也可报考。

部分银行对不同地区和岗位也有不同的学历要求，例如部分银行要求往届生须具有全日制普通高等院校大学本科（含）以上学历，部分招聘单位要求统招二本及以上学历，部分管培生岗位要求"211"或"985"重点高校应届毕业生，等等。

总之，不同地区、不同机构和不同岗位会有不同的要求，应聘者可根据招聘简章的具体要求进行报考。

3. 外语条件

一般要求具有良好的英语能力，具体如下：

·主修语种为英语的，须通过国家大学英语四级考试，或托业听读公开考试630分及以上，或新托福考试75分及以上，或雅思考试5.5分及以上。

·主修语种为其他外语的，应通过相应的外语水平考试（如专业四级、八级等）。

·英语相关专业毕业生应至少达到专业英语四级（含）以上水平，其他外语相关专业毕业生应通过该语种相应的外语水平考试（如专业四级、八级等）。

当然，部分机构的客服经理（柜员）在这一方面可能不做硬性要求。

4. 可予以优先考虑的情况

·校级（含）以上优秀学生干部、三好学生、优秀毕业生、优秀奖学金获得者等。

·拥有社团负责人经历、金融行业相关实习经历者。

·在校期间获得相关科研成果或在相关专业期刊上发表过著作。

·擅长使用R、Python、SAS等数据统计分析语言进行数据分析挖掘者。

·在校期间拥有科技类产品研发实习经历，或相关科研项目经历者。

·在校期间有营销岗位实习或社团外联经历者。

·具备多语种工作能力者。

5. 关于回避关系的相关规定补充

（1）需要回避的亲属关系

·夫妻关系；

·直系血亲关系，包括祖父母、外祖父母、父母、子女、孙子女、外孙子女。

·三代以内旁系血亲关系，包括伯叔姑舅姨、兄弟姐妹、堂兄弟姐妹、表兄弟姐妹、侄子女、甥子女；

·近姻亲关系，包括配偶的父母、配偶的兄弟姐妹。

（2）亲属回避的三种情况

·单位回避：有亲属关系的银行工作人员不得在同一单位（包括职能部门）工作；

·部门回避：有亲属关系的银行工作人员不得在有上下级关系的相同部门从事相同的工作；

·岗位回避：有亲属关系的银行工作人员不得在有相互制约、相互监督关系的岗位工作。

政策解读：当员工出现回避情形时，职务层级不同的，一般由职务层级较低的一方回避；职务层级相当的，根据工作需要和实际情况决定其中一方回避；单方有职务的，无职务的一方回避；双方均无职务的，非业务骨干的一方回避。

对参加银行招聘的考生来说，针对亲属回避政策，考生需要做的是，在选择岗位时，应自觉避开亲属所就职的单位。

校园招聘和社会招聘的区别

银行系统招聘最常见的为校园招聘和社会招聘,这两者还是有许多差别的,下面就从招聘对象、招聘时间、招聘岗位、薪资待遇、考试内容等方面进行一番简单的比较。

1. 招聘对象不同

银行校园招聘主要面向应届毕业生或者毕业1—2年的大学生进行招聘,银行社会招聘主要面向社会上有一定工作经验的人士进行招聘。

2. 招聘时间不同

银行校园招聘一般在每年的2—3月和9—10月,银行社会招聘全年都有不同岗位进行招聘。

3. 招聘岗位不同

银行校园招聘岗位一般是柜员、客户经理、IT工程师、管培生等,银行社会招聘岗位一般是柜员、客户经理、风控专员、产品经理等。

4. 薪酬待遇不同

银行校园招聘的薪酬待遇一般要高于银行社会招聘的薪酬待遇,而且晋升时优先级更高。

5. 考试内容不同

银行校园招聘考试内容一般是行政能力测验、专业知识、性格测试等,银行社会招聘考试内容一般是专业知识、面试等。

常见问题

1. 银行校招工作岗位是不是都有编制

银行校园招聘没有事业编制，录取后会和银行签订正式合同，属于银行正式职工。当然，银行校园招聘可能有个别岗位属于派遣制，一般公告中会说明，派遣制是和派遣公司签合同，派遣公司派遣人员到银行工作，银行通过派遣公司把工资和奖金发给员工。

2. 工作地点怎么分配，会不会被分到乡村或者郊区

签约后，银行通常会安排具体的工作地点。对柜员岗位，工作地点一般会考虑户籍地、学校学历、家庭资源、是否缺人，以及是否有新开的网点。如果招聘公告上有定向的地区或网点，工作地点一般会按照招聘公告上的安排。根据往年的经验，如果报的是市区岗位，很可能会被安排在市区工作，但也不排除因某些因素而到乡镇网点工作的可能性。

3. 银行系统对院校层次要求高不高

银行在招聘过程中，虽然并未明确规定应聘者的院校层次，但是那些毕业于"985"或头部"211"高校的学生，例如清华大学、北京大学、中

国人民大学、东南大学等，以及类似"两财一贸"[1]这类院校的学生，可能在简历筛选阶段更具优势。然而，实际录用要求可能比公示的基本标准要严格，具体情况还需考虑各个机构的具体要求。大部分常规机构普通本科层次的院校就足够了。

4. 银行工作需不需要加班

关于这个问题，要分岗位、分银行、分区域来看。

·前台的岗位，比如柜员和大堂经理等，需要在正常下班后整理当天的业务，因此不能准时下班。而客户经理等营销岗位，不仅要加班撰写报告，还可能在晚上参加应酬活动，结束后再继续写纪要、报告，因此下班时间更加不确定。中后台管理人员的工作时间则更加灵活多变。

·地方银行和部分国有银行的岗位相对较为轻松，而股份制银行的营销岗位则可能更加辛苦一些。当然，这类岗位的收入也和付出成正比。

·一线城市的银行加班较为严重；三、四线城市的银行加班较少，工作时间相对自由。

总结

通过校园招聘，大学生有机会进入国内各大银行，从基层岗位开始锻炼，逐步提升自己的业务能力和职业素养。在银行系统中，大学生可以接触到

---

[1] 中央财经大学、上海财经大学、对外经济贸易大学。

不同的业务领域,积累丰富的实践经验,为日后的职业发展打下坚实的基础。希望本章能够帮助更多的学生了解银行系统的就业机会和要求,并为有意向进入银行系统就业的同学们提供有益的参考和帮助。

第八章 国企系列

电网系统

导言

当你打开灯、使用电脑或者享受空调的时候,你是否想过这些便利离不开一个庞大的电网系统?电网系统主要保障国内的用电需要和用电安全。很多人对电网系统情有独钟,稳定又高薪的工作每年都会吸引大量的毕业生涌入。

作为关系国家能源安全和国民经济命脉的特大型国有重要骨干企业,国家电网承担着保障更安全、更经济、更清洁、可持续的电力供应的重要使命。实际上,国家电网系统不同岗位的工作内容、收入有着很大的差异,不同地区间的收入差异也非常明显,经济越发达的地区,收入往往会越高。本章将从国家电网的组织架构、岗位介绍、院校推荐、专业推荐、招聘形式、招聘流程、薪资待遇几方面来展开介绍。

国家电网

简介

国家电网有限公司成立于 2002 年 12 月 29 日，是根据《公司法》设立的由中央直接管理的国有独资公司，注册资本 8295 亿元，以投资建设运营电网为核心业务，是关系国家能源安全和国民经济命脉的特大型国有重点骨干企业。

公司经营区域覆盖我国 26 个省（自治区、直辖市），供电范围覆盖国土面积的 88%，供电服务人口超过 11 亿。20 多年来，国家电网持续保持全球特大型电网最长安全纪录，建成 35 项特高压输电工程，成为世界上输电能力最强、新能源并网规模最大的电网，公司专利拥有量持续排名央企第一。公司位列 2023 年《财富》世界 500 强第 3 位，连续 19 年获国务院国资委业绩考核 A 级，连续 11 年获标准普尔、穆迪、惠誉三大国际评级机构国家主权级信用评级（标普 A+、穆迪 A1、惠誉 A+），连续 8 年获中国 500 最具价值品牌第一名，连续 6 年位居全球公用事业品牌 50 强榜首，是全球最大的公用事业企业，也是具有行业引领力和国际影响力的创新型企业。[1]

---

[1] 来源于国家电网官网。

组织架构

国家电网组织架构表[1]

总部部门及相关机构	中央纪委国家监委驻国家电网有限公司纪检监察组 党组办公室（办公室、董事会办公室）、政策研究室、发展策划部（碳资产管理办公室）、财务资产部、党组组织部（人事董事部）、人力资源部、党组党建部（思想政治工作部）、党组宣传部（对外联络部）、党组巡视工作办公室、安全监察部（应急管理部）、设备管理部、市场营销部（农电工作部、乡村振兴工作办公室）、国际合作部（"一带一路"工作办公室）、科技创新部（能源互联网办公室）、数字化工作部、基建部、产业发展部、物资管理部（招投标管理中心）、审计监管部、法律合规部、体制改革办公室、后勤保障部、离退休工作部、工会 国家电力调度控制中心、特高压事业部、抽水蓄能和新能源事业部、企业管理协会 北京电力交易中心有限公司
分部	国网华北分部、国网华东分部、国网华中分部、国网东北分部、国网西北分部、国网西南分部
省公司	国网北京市电力公司、国网天津市电力公司、国网河北省电力有限公司、国网冀北电力有限公司、国网山西省电力公司、国网山东省电力公司、国网上海市电力公司、国网江苏省电力有限公司、国网浙江省电力有限公司、国网安徽省电力有限公司、国网福建省电力有限公司、国网湖北省电力有限公司、国网湖南省电力有限公司、国网河南省电力有限公司、国网江西省电力有限公司、国网四川省电力公司、国网重庆市电力公司、国网辽宁省电力有限公司、国网吉林省电力有限公司、国网黑龙江省电力有限公司、国网内蒙古东部电力有限公司、国网陕西省电力有限公司、国网甘肃省电力公司、国网青海省电力公司、国网宁夏电力有限公司、国网新疆电力有限公司、国网西藏电力有限公司
直属单位	国网国际发展有限公司、中国电力技术装备有限公司、全球能源互联网集团有限公司、中国电力科学研究院有限公司、南瑞集团有限公司（国网电力科学研究院有限公司）、国网经济技术研究院有限公司、国网能源研究院有限公司、国网智能电网研究院有限公司（全球能源互联网研究院有限公司）、国网新源集团有限公司（国网新源控股有限公司）、国网信息通信产业集团有限公司、英大传媒投资集团有限公司、国网物资有限公司、国网电力空间

---

[1] 来源于国家电网官网。

续表

直属单位	技术有限公司、国网中兴有限公司、国网数字科技控股有限公司（国网雄安金融科技集团有限公司）、国网综合能源服务集团有限公司、国网智慧车联网技术有限公司、国家电网有限公司信息通信分公司、国家电网有限公司特高压建设分公司、国家电网有限公司直流技术中心、国家电网有限公司客户服务中心、国家电网有限公司大数据中心、中共国家电网有限公司党校（国家电网有限公司领导科学研究院分公司）、国家电网有限公司高级培训中心、国家电网有限公司技术学院分公司、国家电网有限公司社会保障管理中心（国家电网有限公司人力资源共享中心）、北京智芯微电子科技有限公司、国家电网有限公司档案馆、北京可再生能源发展结算服务有限公司、国网英大国际控股集团有限公司（国网英大股份有限公司）、中国电力财务有限公司、英大泰和财产保险股份有限公司、英大泰和人寿保险股份有限公司、英大长安保险经纪有限公司、英大国际信托有限责任公司、英大证券有限责任公司、国网国际融资租赁有限公司、国家电网海外投资有限公司

岗位介绍

电工类和其他工学类专业毕业生一般会进入生产相关部门，负责变电、配电、输电工作。财会类、管理类等非电工类专业毕业生一般会进入市场营销部。

院校推荐

经统计，入职国家电网的毕业生，不仅有"985""211"高水平院校的学生，其中推荐电气专业的"二龙四虎"高校，二龙指的是华北电力大学和武汉大学，四虎指的是清华大学、浙江大学、西安交通大学和华中科技大学。也有六所原电力部直属院校的学生，包括东北电力大学、上海电力大学、沈阳工程学院、南京工程学院、三峡大学和长沙理工大学。此外，一些省份的本省认可度高的电气强校的毕业生进入电网工作的人数也很多，低分段的考生也可以考虑部分电力专科院校。各省招聘详情请参照官方数据。

专业推荐

中国本科专业目录里面，除了大家熟知的电气工程及其自动化专业可以进入国家电网，其实还有很多专业可以选择。下表列举的国家电网招聘的专业可作为参考。

	国家电网招聘考试专业类别划分汇总
电工类	电气工程及其自动化、电气工程（技术）、电气自动化技术、电力系统及其自动化、继电保护、电力电子与电气传动、电机与电器（技术）、高电压技术、电工理论与新技术、供用电技术、高电压与绝缘技术、高压输配电线路施工运行与维护、发电厂及电力系统、火电厂集控运行、智能电网信息工程、电气工程与智能控制、电力工程与管理、电子与电气工程、电力电子与电力传动、电机电器智能化、光源与照明、可再生能源与清洁能源、电磁环境科学与技术、电气系统检测与控制、电力工程经济与管理、电力信息技术、智能电网信息与通信工程、农业电气化（技术）、农业电气化与自动化等
财会类	财务管理、会计、会计学、税务、审计学、财务会计、国际会计、会计电算化、专业会计、财务、财务学、会计硕士等
通信类	电子信息工程、电子与通信工程、电子（信息）科学与技术、信息科学技术、（信息与）通信工程、微电子科学与工程、光电信息（科学与）工程、信息工程、集成电路工程、集成电路设计与集成系统、医学信息工程、电磁场与无线（微波）技术、电波传播与天线、真空电子技术、电信工程及管理、微电子材料与器件、光信息科学与技术、光电子技术科学、信息显示与光电技术、光电子材料与器件、物理电子学、电路与系统、微电子学与固体电子学、通信与信息系统、信号与信息处理、无线通信（与信号处理）等
计算机类	网络工程、软件工程、计算机科学（与技术）、信息安全、物联网工程、数字媒体技术、计算机应用技术、数据科学与大数据技术、计算机控制系统、计算机通信、计算机软件（与理论）、智能科学与技术、计算机系统结构等
金融类	金融学、金融工程、金融管理、保险、保险学、投资学、金融数学、经济与金融、资产评估、财政学等
管理类	管理科学（与工程）、工程管理、项目管理、企业管理、管理科学工程、管理科学、信息管理、物流工程、物流与供应链管理、工商管理、物

续表

	国家电网招聘考试专业类别划分汇总
管理类	流管理、信息管理与信息系统、信用管理、公共事业管理、公共关系学、公共政策学、公共管理、公共安全管理、国民经济管理、商务管理、行政管理、物资管理、采购管理、保密管理、工程造价、电子商务、经济学、经济统计学、商务经济学、政治经济学、能源经济、海洋经济学、统计学、环境经济、农业经济、工业经济、网络经济学、应用统计学、国际经济与贸易、贸易经济、国际文化贸易、国际贸易、环境资源与发展经济学、技术经济（及管理）、企业经济、资源与环境经济学、市场营销、人力资源管理、劳动与社会保障、劳动关系等
其他工学类	自动化、控制理论与控制工程、检测技术与自动化装置、电子测量技术与仪器、系统工程、轨道交通信号与控制、交通设备与控制工程、制造自动化与测控技术、模式识别与智能系统、导航、制导与控制、控制工程、控制测试类、控制与信息系统、测控技术与仪器等
	环境科学与工程、环境工程、环境科学、环境生态工程、热能工程、材料科学与工程、材料化学、材料加工工程、焊接技术与工程、金属材料工程、化学工程与工艺、应用（分析）化学、化学工程、化学工艺、高分子材料与工程、再生资源科学与技术、冶金物理化学、船舶电子电气工程等
	土木工程（输电工程）、（建筑与）土木工程、建筑学、建筑环境与设备工程、水利水电工程、给排水科学与工程、给水排水工程、城市地下空间工程、历史建筑保护工程、结构工程、岩土工程、建筑设施智能技术、建筑电气与智能化、道路桥梁与渡河工程、水文与水资源工程、建筑节能技术与工程、建筑工程管理、城市规划、历史建筑保护工程、景观建筑设计等
	机械工程及自动化、机械（电子）工程、机械（设计）制造及其自动化、能源与环境系统工程、风能与动力工程、能源工程及自动化、能源动力系统及自动化、能源与资源工程、工程热物理、动力机械及工程、化工过程机械、动力工程、动力工程及工程热物理、材料成型及控制工程、车辆工程、机械电子工程、制造自动化与测控技术、微机电系统工程、制造工程、船舶工程、流体机械及工程、工业设计、机械工程、（微电子）制造工程、交通建设与装备、工业工程、地质工程、安全工程等
其他专业	法学、经济法、政治学、政治学与行政学、思想政治教育、国际政治经济学、化学、应用数学、计算数学、数学与应用数学、应用气象学、汉语言文学、媒体与公共关系、英语、商务英语、新闻学、广播电视新闻学、传播与新媒体、景观学、（马克思主义）哲学、马克思主义（理论）基本原理等

招聘形式

国家电网一般来说共有三种招聘形式，分别为校园招聘、统一考试以及社会招聘。招聘要求：本科生不得超过 25 周岁，硕士研究生不得超过 28 周岁，博士研究生不得超过 33 周岁。此外，有些省份要求必须有计算机证书和英语证书才能通过网申，而有些公司则是优先筛选有证书的同学，当然也有省份对证书不做要求。

1. 校园招聘

校园招聘也叫作提前批次招聘，通常在每年的 3—4 月和 9—10 月举行，通常称作"春招"或"秋招"。主要面向部分"985"、"211"、原电力部直属院校的优秀应届硕士（部分省份也招收本科生）及以上毕业生。校园招聘由各省的供电公司或国网下属单位自主招聘，学生可以在宣讲会投递简历，然后等待面试，部分省份国网单位也需要笔试。招聘时更注重面试成绩，同时部分省份也会兼顾笔试成绩，招聘进入单位后一般情况下可以选到相对好的岗位。

2. 统一考试

国家电网每年有两次正式考试招聘机会，分别是 12 月的一批考试和次年 4 月的二批考试。国网统一考试一批、二批一般都需要提前一个月进行网申，网申通过则获得参加考试的资格。国网一批考试更多的是针对电气专业的学士、硕士、博士开展招聘，也包括部分"985""211"院校非电气专业毕业生，一批主要侧重于电气、通信、计算机等工科专业；国网二批考试与一批考试不同的是，二批考试侧重人群会增加专科院校学生，同时招聘专业也更加广泛，包括财会、其他工学、金融、管理等专业。

3. 社会招聘

国家电网社会招聘面向社会大众，并不局限于高校学生或者是应届毕业生。社会招聘名额非常稀少，普通毕业生是不太可能通过社招入职国网公司的。

总结来看，国网校招大多青睐名校的硕士研究生，部分热门单位招聘原则上会优先考虑"双985"院校的优秀毕业生。对大多数普通院校本科生和研究生而言，主要还是通过第一、二批次招聘考试的途径参加招聘。对电气专业毕业生来说，国网第一批次考试招聘岗位最多，录取机会最大，如果在第一批次申报或考试过程中被淘汰，那么还可以报考第二批次考试。第二批次考试时建议慎重考虑志愿填报，可以适当降低岗位要求。还有部分省份对三本及专科院校学生只开放第二批次招聘考试，第二批次考试电气专业岗位招聘名额相对第一批次少一些，报考人数会比第一批次多一些，录取率也会比第一批次低一些。

招聘流程

1. 发布招聘公告

国家电网有限公司人力资源招聘平台[1]是公司招聘信息发布、应聘者报名的唯一渠道。国家电网在招聘平台公布考试大纲、总体招聘工作安排等内容。在招聘平台的"招聘公告"栏目发布高校毕业生招聘公告，包括单位简介、招聘安排、报名条件、需求信息、联系方式等内容。

---

[1] https://zhaopin.sgcc.com.cn/

2. 应聘毕业生投递简历

应聘毕业生在国家电网有限公司人力资源招聘平台填写个人简历。每人每批次招聘可填报公司二级单位（省电力公司、直属单位）志愿数量不超过 3 个，每个二级单位志愿下可选择 2 个三级单位（地市级单位）或四级单位（县级单位），填报截止日期以各单位招聘公告为准。应聘志愿提交后原则上不能更改，确需更改的，可在"个人中心"栏目提交撤销申请。

3. 组织招聘笔试

公司统一笔试分两批实施。笔试内容包括综合知识和专业知识。综合知识主要包括言语理解、数理思维、判断推理、资料分析、形势与政策、电力与能源战略等内容，占 20 分。专业知识占 80 分，不同专业的专业知识考点不尽相同。以电工类考纲包含科目为例：本科学历考试科目主要包含电路、电力系统分析、继电保护、高电压技术、电力电子技术、发电厂电气、电机学等，研究生学历考试科目主要包含电力系统分析、继电保护、高电压技术、发电厂电气、电网络、现代电力系统分析等。

4. 组织面试

招聘面试由各单位按照公司统一要求自行组织。面试形式可能包括自我介绍和提问环节。

5. 公示拟录用人选

各单位在公司核准录用人选名单后的 2 个工作日内，在招聘平台公示拟录用人选。

薪资待遇

国家电网薪酬分为薪资和福利，薪资和当地经济水平、基本工资水平及用电量有关，可通过各地区经济水平推断薪资待遇。

根据问卷调查数据，江苏电网年薪20万—30万元，浙江、冀北电网年薪20万元左右，山东电网年薪15万—20万元，湖北电网年薪13万—20万元，湖南、河南电网年薪13万—16万元，安徽电网年薪11万—14万元，黑龙江电网年薪10万—13万元。当然，由于不同地区不同级别的收入差距过大，所以这些数据不具备普遍性和代表性，家长和考生们还是应该多维度了解具体某地区的薪资情况，再综合研判，做出更有利于自己预期的求职选择。

总结

国家电网是全球最大的公用事业企业之一，具有稳定的职业前景和广阔的发展空间。随着中国电力市场的不断扩大和电力技术的不断更新，国家电网在未来的发展中将继续保持稳定的发展态势。电力行业是一个技术密集型行业，需要具备丰富的专业知识和技能。国家电网提供了丰富的培训和实践机会，让员工根据自己的兴趣和职业规划，选择适合自己的发展路径，实现个人职业发展目标。

南方电网

简介

中国南方电网有限责任公司是中央管理的国有重要骨干企业，由国务院国有资产监督管理委员会履行出资人职责。公司负责投资、建设和经营管理南方区域电网，参与投资、建设和经营相关的跨区域输变电和联网工程，为广东、广西、云南、贵州、海南五省区和港澳地区提供电力供应服务保障；从事电力购销业务，负责电力交易与调度；从事国内外投融资业务；自主开展外贸流通经营、国际合作、对外工程承包和对外劳务合作等业务。

公司总部设有办公室等 20 个职能部门，以及南网总调；管理南网超高压公司、南网党校、南网北京分公司、南网共享运营公司、南网用户生态运营公司等 5 家分公司；广东、广西、云南、贵州、海南电网公司，深圳供电局、南网产业投资集团、鼎元资产公司、南网资本控股公司、南网国际公司、南网数字集团、南网供应链集团、南网能源院 13 家全资子公司；南网储能公司、南网能源公司、南网财务公司、鼎和保险公司、南网云南国际公司、南网科研院、广州电力交易中心、南网传媒公司、南网北京研究院 9 家控股子公司。员工总数近 27.6 万人。[1]

---

[1] 来源于中国南方电网官网。

组织架构

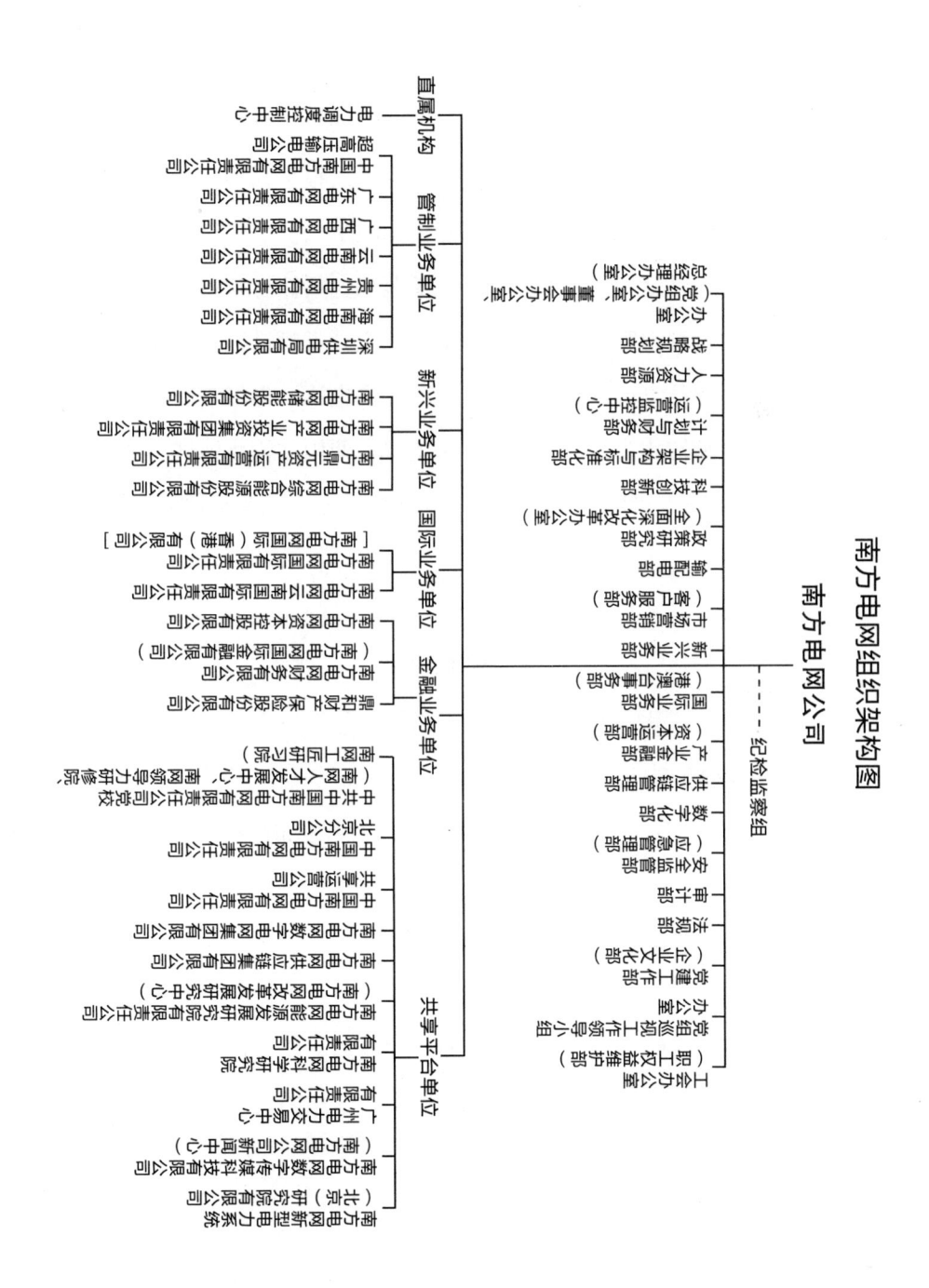

南方电网组织架构图

南方电网公司
- 纪检监察组
- 办公厅（党组办公室、董事会办公室）
- 总经理办公室
- 战略规划部
- 人力资源部
- 计划与财务部（资金管理中心）
- 企业标准化管理部
- 科技创新部
- 全面深化改革办公室
- 设备管理部
- 市场营销部（客户服务部）
- 新兴业务拓展部
- 国际合作部（港澳业务部）
- 资本运营部
- 供应链管理部
- 数字化部
- 安全监管部
- 审计部
- 法规部（企业合规部）
- 党委办公室（党组巡视办公室、工会工作部）
- 党委组织部（党组职工维护办公室）

直属机构
- 电力调度控制中心
- 超高压输电公司

管制业务单位
- 中国南方电网有限责任公司
- 广东电网有限责任公司
- 广西电网有限责任公司
- 云南电网有限责任公司
- 贵州电网有限责任公司
- 海南电网有限责任公司
- 深圳供电局有限公司

新兴业务单位
- 南方电网电动汽车服务有限公司
- 南方电网产业投资集团有限责任公司
- 南方电网综合能源股份有限公司

国际业务单位
- 南方电网国际（香港）有限公司
- 南方电网国际有限责任公司

金融业务单位
- 南方电网财务有限公司
- 南方电网国际财务有限责任公司
- 鼎和财产保险股份有限公司

共享平台单位
- 南方电网人才培训评价中心（南方电网有限责任公司电力调度研修学院）
- 中共中国南方电网有限责任公司党校
- 中共中国南方电网有限责任公司北京分公司
- 南方电网数字电网研究院有限公司
- 南方电网能源发展研究院有限责任公司
- 南方电网科学研究院有限责任公司
- 广州南方电网通信有限公司
- 南方电网数字传媒科技有限公司
- 南方电网（北京）新型电力系统研究院有限公司

招聘形式

南方电网有三种招聘形式，分别是目标院校的提前批次、秋季校园招聘巡回批次、春季校园招聘巡回批次。此处的提前批次就是各省市电网会去目标高校进行宣讲，可以免笔试；巡回批次报名则需要参加南方电网统一笔试和面试。招聘的专业可以参照国家电网。

考试内容也分为笔试和面试。笔试范围包括综合知识和专业知识，其中专业知识考试内容按照招聘岗位对应的笔试类型进行划分。如电工类笔试专业知识包括继电保护、电路、电分、高电压、电机学、电力电子。面试形式以半结构化为主，也有部分供电单位使用结构化面试。半结构化面试一般设置3—5道题，会涉及专业知识的提问，整体作答时间通常为5—10分钟。

招聘流程

1. 发布招聘公告

南方电网在招聘平台[1]的"招聘公告"栏目发布高校毕业生招聘公告。

2. 应聘毕业生投递简历

应聘毕业生可通过南方电网招聘平台或微信小程序"南网微招聘"填写简历，每位应聘毕业生最多可申报公司所属三家单位（二级单位），每家单位可选择的下属单位数量及岗位数量各不相同，详细请见当年发布的公告。

---

[1] https://zhaopin.csg.cn

3. 统一笔试

校园招聘笔试由南方电网公司统一组织实施，采取计算机考试模式。

4. 面试安排

由南方电网公司所属单位自主实施。

5. 心理及职业性格测试

由南方电网公司在笔试时同步组织。

6. 录用与公示

各单位根据应聘毕业生笔试、面试的综合成绩择优录用，并在南方电网公司员工招聘系统对录用名单进行公示。体检、就业协议书签订等后续工作安排将由各单位另行通知。

薪酬状况

和国家电网一样，大家也可以通过各地区用电量推断薪资待遇。南方电网的薪资结构大致为"基本工资＋补贴＋奖金＋社会保险＋公积金＋其他福利"，此外，还有带薪年假、员工食堂、员工宿舍，享受通勤、通信、节假日、防暑降温等补贴。

根据问卷调查数据，广东电网待遇偏好，年薪为17万—20万元，贵州电网年薪为10万元左右，广西电网年薪为10万—13万元。当然，这些数据不具备普遍性和代表性，家长和考生们还是应该多维度了解具体某地区的薪资情况，再综合研判，做出更有利于自己预期的求职选择。

总结

南方电网具有重视员工职业发展,注重员工培训和实践,多元化的职业发展路径、良好的企业文化和价值观以及公平公正的晋升机制等特点。这些特点有助于实现员工个人职业发展和企业目标的双赢。广东、广西、云南、贵州、海南、港澳地区的学生,可以仔细考虑南方电网这份相对稳定,并且薪资在当地也很有竞争力的工作。

第九章 国企系列

石油系统

导言

"三桶油"——中国石油天然气集团有限公司、中国石油化工集团有限公司、中国海洋石油集团有限公司，是中国的三大石油公司，承担着为国家提供稳定、安全、环保的能源保障的重要使命，同时也为很多追求稳定工作的大学生提供了优质岗位。

在定位上，三大石油公司各有特色，共同构成了中国的石油化工产业链。中国石油天然气集团有限公司以油气勘探、开发、生产为主线，同时大力发展燃气轮机发电、液化天然气等新能源产业；中国石油化工集团有限公司以石油炼制为起点，涉及石油化工、煤化工等多元领域；中国海洋石油集团有限公司专注于海洋油气资源的开发与利用。

"三桶油"作为能源企业，是国民经济的支柱产业之一，有着比较稳定的市场和发展前景。在"三桶油"工作，员工可以享受到相对稳定的工作环境和福利待遇，有一定的职业发展空间。但是，"三桶油"的工作也可能会给员工的身心健康和生活质量带来一定的影响，比如石油工人、钻井工程师、采油工等生产一线岗位，通常需要长时间工作，并且可能面临高温、高压、噪声等恶劣工作环境，以及潜在的化学物品和机械伤害等风险。当然，具体情况可能因企业、工作条件和岗位需求等因素而有所不同。在选择职业时，一方面需要考虑个人的兴趣爱好、职业规划和生活方式等因素，另一方面需要充分了解岗位的工作内容和风险，并做好相应的准备和保护措施。

企业介绍

简介

1. 中国石油天然气集团有限公司

中国石油天然气集团有限公司，简称"中石油"，是由中央直接管理的国有特大型中央企业，是以油气业务、工程技术服务、石油工程建设、石油装备制造、金融服务、新能源开发等为主营业务的综合性国际能源公司。

2. 中国石油化工集团有限公司

中国石油化工集团有限公司，简称"中石化"，是1998年7月国家在原中国石油化工总公司基础上重组成立的特大型石油石化企业集团，是国家独资设立的国有公司、国家授权投资的机构和国家控股公司。中石化的主营业务可以概括为石油、天然气的勘探、开采、储运、销售和综合利用，以及石油炼制、成品油批发和零售等。此外，还包括化工产品的生产、销售，以及地热等新能源产品的生产、销售和服务等。

3. 中国海洋石油集团有限公司

中国海洋石油集团有限公司，简称"中海油"，是国务院国有资产监督管理委员会直属的特大型中央企业，总部设在北京。中海油的主要业务为油气勘探开发、专业技术服务、炼化与销售、天然气及发电、金融服务等，并积极发展海上风电等新能源业务。

组织架构

"三桶油"的组织架构一般由以下几部分组成。

1. 董事会

负责制定公司的战略和决策，监督公司的运营和管理，确保公司的长远发展和利益最大化。主要包括战略发展委员会、提名委员会、经理层、薪酬与考核委员会和监督委员会。

2. 专业分公司

负责管理某一方面的专业业务，比如炼化工程公司、石化机械公司、石油工程公司等。

3. 职能部门

负责公司企业文化、人力资源、物资储备、发展规划等工作。比如：人力资源部主要负责招聘、培训、考核、薪酬等工作；党群工作部主要组织开展党员教育、管理、监督和服务工作；发展计划部主要负责公司的战略规划、计划管理、投资管理、项目管理等方面的工作。

岗位对口专业介绍

适合不同岗位的专业推荐

1. 油气田开发类岗位

石油工程、海洋油气工程、油气储运工程等。

2. 地质勘探类岗位

资源勘查工程、勘查技术与工程、地质工程、地质学、地球物理学、测绘工程等。

3. 地面建设和油气储运类岗位

土木工程、给排水科学与工程、建筑环境与能源应用工程、油气储运工程等。

4. 新能源类岗位

能源与动力工程、储能科学与工程、新能源材料与工程等。

5. 信息与通信工程类岗位

计算机科学与技术、软件工程、网络工程、光电信息科学与工程、数据科学与大数据技术、电子信息工程等。

6. 自动化类岗位

自动化、机械工程、电气工程及其自动化、机械设计制造及其自动化、机械电子工程、测控技术与仪器等。

7. 化工类岗位

化学工程与工艺、应用化学等。

8. 安全环保类岗位

安全工程、环境工程等。

9. 财务资产、企管法规、物流管理类岗位

财务管理、会计学、工商管理、金融学、经济学、法学、物流管理等。

学校推荐

想要进"三桶油"工作的学生，要注意以下两点：一是一定要利用好自己应届生的身份，争取能通过校招进入；二是原石油工业部、原地质部直属高校的毕业生进入"三桶油"工作的概率较大。

1. 原石油工业部直属高校

中国石油大学（北京、华东和克拉玛依校区）、西南石油大学、东北石油大学、西安石油大学、辽宁石油化工大学、长江大学、常州大学等。

2. 原地质部直属高校

吉林大学、中国地质大学（北京、武汉）、长安大学、成都理工大学、河北地质大学。

人才招聘

校园招聘

1. 招聘对象

国内外应届毕业生，未落实工作单位、学业结束 2 年内的毕业生也可报名。

2. 招聘要求

（1）外语要求

本科毕业生大学英语四级考试成绩 425 分及以上，硕士研究生及以上学历毕业生大学英语六级考试成绩 425 分及以上，或雅思 6.0 分以上、新托福 70 分以上等相当水平。第一外语为其他语种的应通过相应的外语水平考试。外语专业毕业生应具有相应的专业等级最高水平。从事国际业务的毕业生，通过集团公司统一考试后需单独参加外语水平测试。

（2）学校要求

以泰晤士高等教育世界大学排名前 30 名和国内排名前 10 名，国内学科评估结果为 A+ 的高校为主。

（3）同等条件优先录用范围

·西藏、青海、新疆三省（区）及四川、云南、甘肃三省涉藏州县的；

·脱贫家庭、低保家庭、零就业家庭，以及有残疾但符合招聘岗位条件的；

·部队服兵役2年以上的。

3. 招聘程序

（1）网上报名

报名时间通常在每年的9—11月，每位毕业生最多可应聘2个岗位（可为同一单位或不同单位）。

（2）资格审查

主要审查学历、专业和外语水平。

（3）笔试

笔试时间一般为11月中旬。对符合招聘条件的应聘毕业生，如满足以下条件之一的，可免予参加笔试，资格审查通过后，直接参加面试。

·泰晤士高等教育世界大学排名前30名高校的硕士研究生，泰晤士高等教育世界大学排名国内前10名的高校毕业生；

·获得过两次国家奖学金的硕士研究生；

·博士研究生；

·两次评选为全国普通高等院校省级"三好学生""优秀学生干部"的硕士研究生。

（4）面试

面试时间一般为12月上旬。面试主要包括专业测试和综合素质面试，招聘单位根据招聘岗位特点和实际需要，确定面试的考核维度、计分规则等。

同一招聘岗位执行同一面试标准。

（5）公示及录用

一般于次年1月底公布录取结果，后续再组织时间签订协议，接收录用应届毕业生。

社会招聘

"三桶油"在进行社会招聘的时候，通常需要应聘者是该行业的相关专业毕业生，年龄在35周岁及以下，毕业后从事相关工作5年以上，且有大型央企工作经验的人员优先录用。

但是，不同岗位在社会招聘时对应聘者专业方面的要求有所不同，比如：

·**炼油工艺工程师**，通常要求具备石油化工工艺和工程设计的专业知识，熟练掌握相关的计算机软件，具有较强的分析问题和解决问题的能力。此外，他们还需要对石油化工行业的发展趋势和新技术有一定的了解。

·**采油工程师**，通常要求具备石油地质、石油工程等相关专业的知识，熟练掌握采油工艺技术和设备，了解相关的行业标准和规范。此外，他们还需要具备较强的现场管理和组织协调能力。

·**油气储运工程师**，通常要求具备油气储运、物流等相关专业的知识，熟练掌握油气储运设施和设备的操作和维护，了解相关的行业标准和规范。此外，他们还需要具备较强的现场管理和组织协调能力。

·**销售代表**，通常要求具备市场营销、石油化工等相关专业的知识，具有较强的沟通能力和销售技巧，了解石油化工产品的市场行情和竞争对手情况。此外，他们还需要具备一定的商务谈判和合同签订能力。

・**行政助理**，通常要求具备文秘、行政管理等相关专业的知识，熟练掌握办公软件和办公设备，具有较强的沟通能力和组织协调能力。此外，他们还需要具备一定的语言表达能力、文字写作能力和保密意识。

常见问题

1. 在"三桶油"工作真的很辛苦吗？

在"三桶油"工作是否辛苦，要根据具体情况具体分析。

对某些岗位来说，工作环境可能比较艰苦，比如在偏远的油田或者海上平台工作，生活和工作环境相对比较单调，同时需要承受较大的工作压力。此外，某些岗位可能需要长时间倒班，如采油最前线的员工，这可能对人的生物钟有很大影响，不符合正常生活节奏，对身体健康也有一定的影响。

但是，对操作人员来说，工作主要是在中控室进行后台监控和工艺调整，以及根据指令去现场切换工艺流程、按时巡检等，虽然需要高度的责任心，但一般来说并不需要成天在烈日下或者寒风中工作，相对来说会轻松一些。

2. 如何提升自己的竞争力？

总体来说，想要在"三桶油"工作，大学生需要提前做准备，首先是综合素质和外语水平的提高。其中综合素质包括沟通能力、团队合作、领导力、创新能力等。这些素质，建议大学生们可以通过参加社团活动、社会实践、志愿服务等方式来培养。

由于"三桶油"是跨国公司，因此应聘者需要具备一定的英语水平。建议大学生在大一时期就开始着手准备大学生英语四、六级考试，争取尽早通过四级、六级考试，考到比较高的分数。

除此之外，"三桶油"系统里有很多岗位可供选择，不同岗位对学生的专业要求是不一样的，比如财务分析岗，需要会计学、审计学等相关专业的毕业生；炼化生产岗，需要化学工程与技术、生物化工等相关专业的毕业生；网络安全岗，需要计算机、人工智能等相关专业的毕业生。建议大学生在学好专业课的同时，多参加一些相关工作的实践和实习，来提升自己的专业知识和技能。

3. 在"三桶油"工作，晋升制度是怎样的？

"三桶油"都是国有企业，员工的晋升通常会受到公司内部各种因素的影响，如员工的工作表现、学历、专业背景、工作年限、领导评价等。同时，"三桶油"也会根据公司的需求和业务变化，为员工提供相应的晋升或调整途径。

总的来说，"三桶油"的晋升制度比较灵活，同时也有一定的竞争和挑战性，员工需要不断提升自己的能力和素质，才能在竞争中获得更好的发展机会。

总结

如果想加入"三桶油"系统，在学校方面，最好选择原石油工业部或原地质部直属高校；在专业方面，最好选择跟石油相关的专业，比如石油工程、海洋油气工程、油气储运工程、资源勘查工程、勘查技术与工程、地质工程等。

在大学期间，大学生的首要任务就是学好专业课，多参加石油或化工行业相关的实习，增强自己的专业竞争力。除此之外，还要尽早通过大学生英语四、六级考试，争取能获得省级以上的"三好学生""优秀学生干部"等荣誉。若想从事研发岗位的工作，还要进一步提升院校档次和学历。

第十章 国企系列

铁路系统

导言

铁路是运输行业的重要组成部分，具有高度技术性、安全性和可靠性的特点，其发展状况与地理位置和经济环境紧密相关。

本章将详细介绍铁路系统相关知识，帮助大家了解行业的整体发展情况和未来趋势，为家长及考生提供参考和指导。

什么是铁路系统

2013年中央决定撤销铁道部，实行政企分开制度，重新整合铁路系统。中国的铁路系统由国家铁路局和六家央企组成[1]，主要分为监管、运营、施工和供应四个方面。

监管方

履行监管主体责任的行政机关是国家铁路局。

国家铁路局是归交通运输部管理的副部级国家局，承担了原先铁道部的部分行政职责，主要负责铁路安全生产监督管理、铁路市场秩序维护、铁路运行监测分析等。

国家铁路局下设8个正厅（局）级的监督管理局（督察室），对不同管界实施监管。

沈阳铁路监督管理局，负责哈尔滨局、沈阳局集团有限公司管界内的监管工作。

上海铁路监督管理局，负责济南局、上海局、南昌局集团有限公司管

---

[1] 六家央企分别是：中国国家铁路集团有限公司（简称"中国铁路"）、中国铁路工程集团有限公司（简称"中国中铁"）、中国铁道建筑集团有限公司（简称"中国铁建"）、中国中车股份有限公司（简称"中国中车"）、中国铁路物资股份有限公司（简称"中国铁物"）、中国铁路通信信号集团有限公司（简称"中国通号"）。

界内的监管工作。

广州铁路监督管理局，负责广州局、南宁局集团有限公司管界内的监管工作。

成都铁路监督管理局，负责成都局、昆明局集团有限公司管界内的监管工作。

武汉铁路监督管理局，负责郑州局、武汉局集团有限公司管界内的监管工作。

西安铁路监督管理局，负责太原局、呼和浩特局、西安局集团有限公司管界内的监管工作。

兰州铁路监督管理局，负责兰州局、乌鲁木齐局、青藏集团有限公司管界内的监管工作。

北京铁路督察室，负责北京局集团有限公司管界内的监管工作。

运营方

中国国家铁路集团有限公司作为运营方，是全球最大的运输企业之一，下设18个铁路局集团有限公司、3家专业运输公司、11家非运输企业、3家事业单位，以及川藏铁路有限公司。

1. 铁路局集团有限公司

中国铁路哈尔滨局集团有限公司、中国铁路沈阳局集团有限公司、中国铁路北京局集团有限公司、中国铁路太原局集团有限公司、中国铁路呼和浩特局集团有限公司、中国铁路郑州局集团有限公司、中国铁路武汉局集团有限公司、中国铁路西安局集团有限公司、中国铁路济南局集团有限公司、中国铁路上海局集团有限公司、中国铁路南昌局集团有限公司、中国铁路广州局集团有限公司、中国铁路南宁局集团有限公司、中国铁路成都局集团有限公司、中国铁路昆明局集团有限公司、中国铁路兰州局集团有限公司、中国铁路乌鲁木齐局集团有限公司、中国铁路青藏集团有限公司。

2. 专业运输公司

中铁集装箱有限责任公司、中铁特货运输有限责任公司、中铁快运股份有限公司。

3. 非运输企业

中国铁路投资有限公司、中国铁道科学研究院集团有限公司、中国铁路经济规划研究院有限公司、中国铁路信息科技有限责任公司、中国铁路设计集团有限公司、中国铁路国际有限公司、铁总服务有限公司、中国铁道出版社有限公司、《人民铁道》报业有限公司、中国铁路专运中心、中国铁路文工团有限公司。

4. 事业单位

铁道党校、中国铁道博物馆、铁道战备舟桥处。

施工方

1. 中国铁路工程集团有限公司（中国中铁）

中国中铁是一家特大型企业集团，总部设在北京，拥有多个业务板块，包括勘察设计、施工安装、工业制造、房地产开发、资源利用、金融投资和其他新兴业务。中国中铁是全球最大的建筑工程承包商之一，连续 17 年进入"世界企业 500 强"，2022 年在《财富》"世界 500 强企业"排名榜单中排第 34 位，在"中国企业 500 强"排名榜单中排第 5 位。

中国中铁具有多种专业资质，包括铁路工程施工总承包特级资质、公路工程施工总承包特级资质、市政公用工程施工总承包一级资质，以及桥梁工程、隧道工程、公路路基、路面工程专业承包一级资质等。公司还拥有中华人民共和国对外经济合作经营资格证书和进出口企业资格证书。

中国中铁在铁路、公路、市政、房建、城市轨道交通、水利水电、机场、港口等领域都有丰富的建设经验，能够提供建筑业"纵向一体化"的一揽子交钥匙服务。此外，公司在勘察设计与咨询、工业设备和零部件制造、房地产开发、矿产资源开发、高速公路运营、金融等业务方面也取得了较好的发展。

中国中铁在桥梁修建技术方面有多项修建技术处于世界先进水平；隧道及城市地铁修建技术处于国内领先水平，部分技术达到世界先进水平；铁路电气化技术代表着当前中国最高水平。公司机械装备领先，能够自行开发及制造具有国际先进水平的专用重工机械。

中国中铁下设中铁一局至中铁十局。

2. 中国铁道建筑集团有限公司（中国铁建）

中国铁建是国务院国有资产监督管理委员会管理的特大型建筑中央企业，是中国乃至全球最具实力、最具规模的特大型综合建设集团之一，2023 年在《财富》"世界 500 强企业"排名榜单中排第 43 位，连续 18 年跻身世界 500 强。

中国铁建业务涵盖工程承包、规划设计咨询、投资运营、房地产开发、工业制造、物资物流、绿色环保、产业金融及其他新兴产业，在高原铁路、高速铁路、高速公路、桥梁、隧道和城市轨道交通工程设计及建设领域确立了行业领导地位。

中国铁建下设中铁十一局至中铁二十五局。

供应方

1. 中国中车股份有限公司（中国中车）

中国中车是经国务院国有资产监督管理委员会批准，由中国北车股份有限公司、中国南车股份有限公司按照对等原则合并组建的 A+H 股上市公司。

中国中车承继了中国北车股份有限公司、中国南车股份有限公司的全部业务和资产，是全球规模领先、品种齐全、技术一流的轨道交通装备供应商。主要经营：铁路机车车辆、动车组、城市轨道交通车辆、工程机械、各类机电设备、电子设备及零部件、电子电器及环保设备产品的研发、设计、制造、修理、销售、租赁与技术服务；信息咨询；实业投资与管理；资产管理；进出口业务。

2. 中国铁路通信信号股份有限公司（中国通号）

中国通号是国务院国有资产监督管理委员会直接监管的大型中央企业，是轨道交通控制系统提供商，是中国铁路通信信号系统制式、标准规范的编制单位。

中国通号具有铁路、城市轨道交通通信信号系统集成、研发设计、装备制造、运维完整产业链；有科研设计、生产制造和工程服务等全资、控股、参股及合资企业多家，并有海外、城市轨道交通、通信信息、基础设备、工程等事业部，分布在全国各地。

中国通号在海外多个国家设有办事处或项目部，拥有世界先进的高速铁路列车运行控制系统技术和装备，市场遍及海内外铁路、城市轨道交通、机场、港口和矿山等。

3. 中国铁路物资股份有限公司（中国铁物）

中国铁物前身为原铁道部物资管理局，历史可追溯至1887年设立的中国铁路公司塘沽材料处，伴随中国铁路一个多世纪的发展，业务涵盖轨道交通建设和运营维护的各个环节，围绕油料油品、轨道线路、装备物资、工程服务、工业制造、大宗商品等领域，提供物资供应、生产制造、质量监督、招标代理、物资代理、运营维护等一体化综合服务，是轨道交通产业链供应链的重要组成部分，已经成为具有较高科技含量、较强比较优势的专业化轨道交通生产性综合服务企业。

铁路系统的主要部门及岗位

车务段

车务段是铁路行车系统中的重要单位之一，负责列车运行控制和指挥。车务段管理车站的客货运业务，管辖辖区内的各大小车站，负责客运和货运的计划和收入，监控列车运行。

车务段的级别分为铁路局(集团公司)客运部(货运部分由货运部管理)、

车务段[1]、二等站、三等站、四等站和五等站。

车务段内设多个管理机构，如安全科、技术科、运输调度科、营销科、职工教育科、总务科、劳动人事科、财务科、行政办公室、党群工作办公室等。

车务段主要的工作岗位有车站值班员、助理值班员、车站（场）调度员、连接员、制动员和信号员等。

总体情况：虽然车务部门的工资并不算很高，而且工作时间较长，但工作环境相对较好，而且晋升条件较为优越。对有志于在铁路车务系统中发展的毕业生来说，成为车站值班员后，就有机会直接晋升为副站长类管理人员。

机务段

机务段是铁路运输系统中非常重要的单位之一，主要负责铁路机车的运用、保养、检修和整备等工作。

机务段分为客运机务段、货运机务段和综合机务段三种类型，分别负责旅客列车、货运列车和客货运混合列车的牵引任务。

机务段通常设立在铁路枢纽城市或重要的货运编组站附近，主要负责担当旅客列车、货运列车、行包列车或专运任务的动力牵引任务。

机务段包括机车乘务员、机车钳工、机车电工、制动钳工和内燃机装试工等工种。这些工种分别负责不同的工作，如驾驶火车、检修和维护机车、处理机械故障等。

总体情况：机务段的工资在所有工种里相对较高，但收入与跟随车辆

---

[1] 特等站和一等站直接隶属于负责管理铁路或公路的行政部门——路局，与车务段平级；而二等及二等以下的车站由车务段管辖。

运行的次数有关。工作环境一般，通常是在驾驶室里工作，也有一些人在检修车间工作，需要面对油污和噪声等问题。机务段是铁路系统中对人员的管理比较严格的单位之一，但是在这里工作的人通常都能够得到较好的待遇和发展空间，也有机会获得一些特殊的技能和经验。

电务段

  电务段是铁路系统中负责管理和维护列车在运行过程中所需的地面信号和机车信号以及道岔正常工作的单位，其职责是确保信号设备的正常运行，从而保障列车的正常运行。早期的电务段由通信和信号两部分组成，现在的铁通已经不再属于电务段的一部分。

  电务段的工作单位以铁道部运输局电务部为最高级单位，各铁路局电务处对本局电务系统进行管理，下设若干个电务段和通信段，电务段管理车间，车间下设几个工区。工区是最基层的单位，一般设在较大的车站，附近的小车站则设值班人员维护和管理信号设备。

  在岗位级别方面，电务处长、段长（书记）、车间主任（书记）和工长等都属于管理干部，高级工程师、工程师、助理工程师、技术员等则属于技术干部，工人方面则有高级技师、技师、高级工、中级工和初级工等不同级别。

  电务段的工作内容包括维护各种室外设备和室内设备，如站内和区间信号机及机构、各种信号设备电缆盒、地下电缆、轨道导接线和引接线等，还包括转辙机及道岔、客运专线的应答器等设备的维护。

  电务段的工作人员分为日勤人员和值班人员，日勤人员需要执行标准化作业，克服设备缺点并及时发现隐患，使设备保持正常运行；值班人员则需要监视信号设备运行情况，如发现故障需要及时报告和处理。

总体情况： 电务段的工资属于中等水平，工作环境相对较好，工作也比较清闲。

车辆段

车辆段是铁路行车系统中的重要单位之一，主要负责列车车辆（不包含机头）的运营、保养和检修等工作。同时，车辆段也是城市轨道交通系统中对车辆进行运营管理、停放及维修保养的重要场所。

在管理机制方面，车辆段由铁路总公司运输局车辆部、车辆处、车辆段、运用车间、检修车间、动车所和职能科室等组成。其中，检修、库检等车间设在段内，负责车辆的定期检修工作；运用车间则一般设在铁路区段站上，负责过往列车的检查和不摘车修理工作。

车辆段主要工种包括客车和货车的检车员、车辆钳工、车辆电工、制动钳工和内燃机装试工等。

不同地区和不同类型的车辆段在作业强度和工资标准、作业环境等方面存在较大的差异。

总体情况： 车辆段的工资水平一般，但具体情况会因地区和作业强度等因素而有所不同。额外奖金通常会根据个人表现和单位的经营状况而定，工作环境整体来说还可以。

工务段

工务段是铁路系统中的基层单位，主要负责铁路线路和桥隧设备的保养与维修工作。该单位实行三级管理制度，包括段、车间和班组。其中，线路车间、桥梁车间、重点维修车间、综合机修车间和运输车间等专业车间隶属于工务段。此外，铁路巡道和铁路道口的看守也是工务段的职责范围之一。

在单位级别方面，工务段分为中国铁路总公司运输局工务部、铁路局工务处、工务段、线路（桥隧）车间、线路（桥隧）工区等层级。其中，线路（桥隧）工区是工务段最基层的单位，一般设在车站附近。

在岗位级别方面，中国铁路总公司运输局工务部部长、工务处处长、工务段段长（党委书记）、线路（桥隧）车间主任（党支部书记）和线路（桥隧）工区工长（班长）等岗位都属于不同的层级。这些岗位的级别和待遇也会因单位情况而有所不同。

在职称级别方面，初级技工、中级技工、高级技工、技师和高级技师等职称级别分别对应不同的技能等级和待遇水平。

工务段的主要工种包括线路工、桥隧工、巡道工、看守工、道口工和探伤工等。这些工种的工作是铁路工作中最累的部分，需要长时间在户外进行作业，作业环境较差。

总体情况：工务段的待遇和工作环境相对较差，但是这些工作对保障铁路运输的安全和正常运行具有重要意义。

进入铁路部门的优势专业及院校

轨道交通信号与控制

轨道交通信号与控制专业的前身为铁道通信信号专业。该专业主要研究的是铁路运输系统中，保证行车安全、提高区间和车站通过能力以及编解能力的手动控制、自动控制及远程控制技术。

轨道交通信号与控制专业主要培养高速铁路、客运专线、铁路、地铁及城市轨道交通领域的信息和控制的专门人才，该专业每年铁路系统招聘人数都不少。

优势院校：北京交通大学、西南交通大学、华东交通大学、兰州交通大学等。

电气工程及其自动化

电气工程及其自动化专业是以电能、电气设备和电气技术为手段来创造、维持与改善限定空间和环境的一门科学，涵盖电能的转换、利用和研究三方面。每年铁路系统招聘中，基本都会招这个专业的学生。

由于其是一门交叉学科，与很多行业有着密切的关系，如电力、电子、控制、计算机等，还是一门需要学生不断动手实践的专业，课程学习难度不小，所以报考该专业需做好心理准备。

优势院校：清华大学、西安交通大学、华北电力大学、华中科技大学等。

车辆工程

车辆工程从初期涉及力学、机械设计理论、金属材料、化工，到今天拓展至与计算机、测试计量技术、交通运输、控制技术等的相互渗透、相互联系，形成了一门涵盖多种高新技术的综合性学科。

这个专业名称中的"车辆"是对所有陆地移动机械的总称，我们常见的汽车、火车、动车、高铁、地铁、军用车辆，以及其他工程车，都属于车辆的范畴。

该专业主要有两个培养方向：汽车方向和轨道交通方向。想要进铁路系统，就要选择偏向于轨道交通方向的院校。

优势院校：西南交通大学、兰州交通大学、同济大学等。

铁道工程

铁道工程主要研究铁道的规划、设计、施工、管理和养护等方面的基本知识和技能，比如铁道线路的规划、高速铁路的勘测设计、铁道的维护养护等，涉及铁道、交通和土建等领域。

该专业主要在铁路与城市地面轨道之间择业，可以说是铁路系统的"刚需"专业。

优势院校：北京交通大学、中南大学、石家庄铁道大学、兰州交通大学等。

其他专业

除以上所列专业外，每年铁路系统校园招聘还会涉及许多其他专业，比如交通运输工程、交通运输规划与管理、交通运输（铁道运输）、物流管理、载运工具运用工程、机械设计制造及其自动化、土木工程（桥梁工程、隧道工程、铁道工程）、给排水科学与工程、机械工程、机械电子工程、信号与信息处理、轨道交通信号与控制（铁道信号）、网络工程（铁道信号）、自动化（铁道信号）、交通设备信息工程（铁道信号）、交通信息工程及控制（铁道信号）、自动控制（铁道信号）、会计学、财务管理、金融学、税收学、民商法学、诉讼法学、经济法学、环境与资源保护法学、国际法学、法学、知识产权等。

铁路部门的招聘需求

无论是校园招聘还是社会招聘，都需要在中国铁路人才招聘网[1]上投简历报名。校园招聘一般去铁路院校，签订三方协议后开始进入铁路部门实习，实习通过后转正。社会招聘基本是以本科生为主。除了劳动派遣以外，铁路局不会委托任何第三方平台去招聘。

铁路招聘

求职者可通过中国铁路人才招聘网查询各个岗位的招聘信息、报名时间、报名方式、所报考的职位是否已经通过审核，以及后续的面试、体检

---

[1] http://rczp.china-railway.com.cn

等环节的时间和地点等信息。

中国铁路校园招聘主要分为三个步骤：简历投递→笔试→面试。

1. 简历投递

有意向加入中国铁路系统的求职者，首先需要准备好自己的简历，并在中国铁路人才招聘网上进行在线投递。在选择岗位时，务必仔细考虑，选择与自己专业和兴趣相符的岗位进行投递。

2. 笔试

在完成简历投递后，候选人将收到笔试通知。中国铁路的笔试通常包括行测、基础知识测试和专业知识测试。行测部分主要考查的是逻辑推理、数学运算、言语理解等能力。基础知识部分涵盖面较广，包括铁路基础知识、政治、市政、经济、历史等方面的内容。专业知识部分主要考查的是与申请岗位相关的知识（根据报名岗位进行出题，填空题居多）。

由于题量较大，需要在规定时间内完成作答，所以考生需要提前进行有针对性的练习，以提高答题速度。

3. 面试

通过笔试的候选人将被邀请参加面试。中国铁路的面试形式通常是线下结构化或半结构化面试。除了基本的面试问题，面试官可能还会询问一些关于铁路局的基本常识和申请岗位的专业知识。因此，在面试前，候选人可以通过搜索相关的面试经验进行准备。另外，各分局在发布招聘公告时通常会详细说明面试所需的材料和注意事项，因此请务必提前做好准备。

校园招聘和社会招聘的区别

1. 招聘对象不同

校园招聘面向应届毕业生，主要关注学生的综合素质和培养潜力（对硕士和博士的要求会更高一些）；社会招聘面向的是往届有工作经验的人群，比较关注的是应聘者所具备的专业技能以及与所需求职位的匹配度。

2. 招聘方式不同

校园招聘采取的是前往各院校现场招聘的形式，对企业进行全面宣传，并即时面试发放录取通知，效率相对较高；社会招聘主要通过各大招聘网站或人才市场以及猎头公司进行招聘，周期较长，效率比较低。

3. 竞争压力不同

校园招聘主要面向高校应届毕业生，竞争压力相对较小；社会招聘面向的是全社会的人员，竞争压力相对较大。

常见问题

1. 铁路专业是否好就业

铁路专业毕业生的就业前景相对较好。随着基建投资的不断加大，铁路建设进入了高速发展期，对铁路专业人才的需求也越来越大。同时，随着高铁网络的不断完善和城市轨道交通建设的加快，也为铁路专业毕业生提供了更多的就业机会。

2. 铁路专业的选择是否过于局限

在选择铁路专业时，家长和考生可能会担心专业的选择太过局限。实际上，铁路行业涵盖了多个领域，例如电气工程、计算机、自动化、铁道工程、车辆工程、交通运输、物流管理、市场营销等。因此，在选择专业时，可以根据个人兴趣和职业规划进行选择。

3. 铁路行业的待遇和工作环境

铁路行业的工作环境相对稳定，而且福利待遇较好，这也是吸引家长和考生的一大因素。但是，具体的工作环境和待遇会受到不同单位和企业的影响，因此需要根据就业区域及工作方向了解目标单位的情况。

4. 对铁路行业发展的了解

随着国内外经济和科技的发展，铁路行业也在不断发展和变化。例如，近年来高速铁路的快速发展和智能化技术的应用，为铁路行业带来了新的发展机遇。因此，在选择铁路专业和职业发展方向时，需要了解行业发展趋势和未来发展方向。

5. 铁路专业毕业生的薪资水平如何？

铁路专业毕业生的薪资水平相对较高。不同地区和职位，铁路专业毕业生的薪资待遇也会有所差异。一般来说，铁路工程师、轨道交通工程师等技术型岗位的薪资较高，而铁路运输管理人员等管理型岗位的薪资相对较低。

总结

对有意向进入铁路系统的毕业生来说,进入铁路局工作是大部分人的选择。铁路局有明确的晋升体系,发展前景清晰。因此,铁路局的工作总体来说还是比较不错的,但也需要承受一定的工作压力。

第十一章 国企系列

邮政系统

导言

中国邮政集团有限公司是以网络经营为特征，以分业经营为基础，集信息传递、物品运送、资金融通三流合一的现代化国有企业。中国邮政为员工提供有竞争力的薪资待遇和完善的福利制度，包括住房公积金、养老保险、医疗保险、失业保险、工伤保险、生育保险等各类社会保险福利。除此之外，公司还很重视员工的职业发展，提供丰富的培训和发展机会，帮助员工不断提升技能和能力。

中国邮政以广泛的覆盖范围、安全可靠的服务特性、良好的社会评价以及优厚的福利待遇，成为国内物流和快递行业的领军企业。但是中国邮政工作环境相对单一，对喜欢冒险、富有挑战精神的学生来说不是首选。本章将从企业介绍、岗位介绍、专业介绍、人才招聘等角度来介绍中国邮政集团有限公司。

企业介绍

简介

中国邮政集团公司于2019年12月正式改制为中国邮政集团有限公司。该公司属于国有独资性质，依法经营各项邮政业务，承担邮政普遍服务义务，受政府委托提供邮政特殊服务，对竞争性邮政业务实行商业化运营。

经过多年持续发展，中国邮政集团有限公司于2023年完成收入7987.31亿元，增长6.74%，实现利润同比增长8.71%（按会计准则同比口径），收入和利润规模均居世界邮政第1位。在2023年《财富》"世界500强"企业排名榜单中，中国邮政排名第86位。

业务

中国邮政集团有限公司主要有三类业务：金融、邮政和寄递。

金融业务主要是提供各种类型的金融服务，包括储蓄存款、贷款、信用卡、外汇兑换、电子银行、保险等。这些业务主要由邮政储蓄银行来执行。邮政储蓄银行是中国最大的储蓄银行之一，拥有广泛的服务网络和庞大的客户群体，为广大客户提供安全、便捷、高效的金融服务。

邮政业务涵盖了传统邮件寄递、出版物发行、邮票发行、金融服务和速递物流等多个领域,为客户提供全方位的邮政服务。

寄递业务主要是提供各类邮件的寄递服务,包括信函、包裹、文件等不同类型货物的寄递。该板块主要致力于为客户提供安全、可靠、便捷的邮件寄递服务。

金融业务	中邮保险
	中邮资本
	中邮证券
	邮储银行
邮政业务	函件
	报刊
	集邮
	电商分销
	代理金融
寄递业务	包裹快递
	速递物流

架构

中国邮政集团有限公司的架构是由多个层级组成的。

首先,国家邮政局是企业的集团总部,负责中国邮政的战略规划、业务交换、网络支撑等,以及与其他行业的合作。

其次,在国家邮政局的领导下,各省市邮政局作为二级单位,负责本地区的邮政业务和管理工作。

此外,在省市邮政局下面,还有更多的三级单位,例如区县级邮政局、支局、所等。这些单位负责具体的邮政业务和投递工作。

总体来说,中国邮政集团有限公司的架构比较复杂,但通过多层次的架构和严格的管理制度,可以确保邮政业务在全国范围内得到有效开展。

中国邮政集团有限公司机构设置	集团公司总部内设机构	综合部（党组办公室）、战略规划部（法律事务部）、市场部、邮政业务部、金融业务部、财务部、人力资源部（党组组织部）、计划建设部、采购管理部、审计部、党建工作部（直属机关党委）、党组巡视办、集团工会
	控股子公司、事业部及直属单位	中国邮政储蓄银行、中邮人寿保险股份有限公司、中邮证券有限责任公司、中邮资本管理有限公司、集团公司寄递事业部（中国邮政速递物流股份有限公司）、中国集邮有限公司、中邮信息科技（北京）有限公司、邮政科学研究规划院（中国邮政集团公司邮政研究中心）、石家庄邮电职业技术学院（中国邮政集团公司培训中心、中共中国邮政集团公司党校）、北京邮票厂有限公司、中国邮政集团有限公司新闻宣传中心（中国邮政报社有限公司）、中国邮政文史中心（中国邮政邮票博物馆）、中国邮政广告传媒公司（中国邮政广告有限责任公司）、中邮电子商务有限公司
	31个省（区、市）邮政分公司 市（地、州、盟）分公司 县（市、区、旗）分公司	

岗位、专业介绍

物流配送类岗位

物流配送类岗位主要包括快递员、邮递员、仓库管理员等职位，需要具备较强的体力和耐力，同时还需要具备一定的物流知识和技能。

该类岗位多数为外包性质，对专业和学历的要求不高，最低初中学历亦可。对学历不高、想要通过体力挣钱的学生来说是一个选择。该类岗位，尤其是快递员，多劳多得。

行政管理类岗位

行政管理类岗位主要包括人力资源、财务、法务等职位，需要具备较强的组织协调能力、沟通能力和法律意识。

不同部门对专业的要求有所不同，其中财务部门和法务部门要求较高，财务部门一般要会计、审计、财务管理、经济学、金融学等相关专业的毕业生，法务部门一般要法学专业的毕业生，而人力部门对专业的要求不高，理工和文史都能接受。

在这类岗位上，不同级别、不同地域的公司对应聘者学历和毕业学校的要求是不同的，级别越高、所处地域经济越发达的公司要求越高。如果想进集团总部的财务部门，学历起点是硕士研究生；如果想进三四线子公司的财务部门，要求就没那么高，学历门槛在本科即可。

营销销售类岗位

营销销售类岗位主要包括市场营销、客户经理、理财经理、产品经理、业务拓展等职位，需要具备较强的市场分析能力和销售技巧。

上述岗位对专业的限制不高，人文学科和理工科都可以，法学、管理学、经济学、计算机等专业都满足招聘要求。但是这类岗位中的经理级别对工作经验还是有一定要求的，一般要求具有2年及以上的从业经验并且持有相关从业资格证书，比如注册会计师资格证、保险从业代理资格证等。

信息技术类岗位

信息技术类岗位主要包括网络工程师、软件开发工程师、数据分析师等职位，需要具备较强的计算机技能和分析能力。

该岗位技术含量较高，比如信息安全工程师，需要负责银行信息系统的安全管理和保障工作，包括安全策略制定、安全漏洞扫描、安全漏洞修复，以及安全事件应急响应等；协调并监督安全产品的运行，以确保系统的安全性和稳定性；制订和执行安全测试计划，进行安全漏洞检测和报告，并提供解决方案；定期进行安全培训，提高员工的安全意识和技能；参与系统的设计和开发，以确保满足安全需求和标准；负责安全事件的响应和处置，以及与外部机构的沟通和协调；跟踪最新的安全威胁和攻击手段，及时调整安全策略和措施，确保银行信息系统的安全性。

以上岗位对专业有硬性要求，一般需要计算机类、通信类、数理统计类等专业，并且对学历也是有一定要求的，一般都是硕士研究生起步。所以对想学工科的学生来说，考研是一个大趋势。

前台服务类岗位

前台服务类岗位主要包括柜员、咨询员、接待员等职位，技术含量不高，比如柜员的主要工作就是协助客户办理存取款、计息业务等；对专业和学历的要求不高，经管类、工科类等专业均可满足要求，但要求能熟练使用办公软件；需要具备亲和力和与人沟通的能力。

人才招聘（以邮政银行为例）

校园招聘

1. 招聘对象

面向境内、境外高校毕业生。毕业生入职前需取得毕业证、学位证，境外院校毕业生还需取得教育部留学服务中心的学历学位认证。

2. 招聘要求

· 毕业生需具备与岗位要求相适应的专业知识、理论基础、综合素质等。

· 毕业生需符合邮政系统招录回避的相关要求。[1]

3. 招聘程序

· 网上报名：报名时间通常在每年的 8—10 月，每位应聘者可根据意愿在总行（含信息科技板块、审计条线、信用卡中心）以及各一级分行的岗位中申报任意 2 个岗位。此外，还可以同时申报各个子公司的岗位。

· 资格审查：根据岗位需求及报名情况等，择优甄选确定入围笔试人员。

· 笔试：统一笔试时间为每年 10 月下旬。

· 面试、体检、签约及录用。

---

[1] 邮政系统招聘需回避的几种情形为：夫妻关系；直系血亲关系，包括祖父母、外祖父母、父母、子女、孙子女、外孙子女；三代以内旁系血亲关系，包括伯叔姑舅姨、兄弟姐妹、堂兄弟姐妹、表兄弟姐妹、侄子女、甥子女；近姻亲关系，包括配偶的父母、配偶的兄弟姐妹。有上述亲属关系的银行管理人员不能将亲属招至自己所在单位进行管理，也不得在其中一方担任领导职务的机构从事计划财务、审计稽核、风险管理、信用审查、人力资源、纪检监察工作。

社会招聘

1. 招聘对象及要求

·面向社会公开招聘，原则上不接收邮政系统内部员工，且无违法犯罪、不良从业记录或其他不良记录。

·具备与岗位要求相适应的专业知识、技术能力、任职资格及职业证书等。

·符合邮政系统招录回避相关要求。

2. 招聘程序

·网上报名：报名时间通常在每年的8—9月，每位应聘人员限报1个岗位。

·资格审查：应聘者应对申请资料信息的真实性负责。如与事实不符，将取消其应聘资格，解除相关协议约定。

·笔试：笔试时间因岗位、地区不同而不同，一般具体时间会于报名截止一周后在中国邮政集团有限公司官方网站公布。

·面试及背景调查[1]。

·体检及录用。

---

[1] 背景调查指的是对求职者所提供的信息进行核实，以了解其背景。一般调查的内容包括教育背景、工作经历、是否有犯罪记录、是否有失信记录、是否有不良记录、是否有违法记录、是否有不良嗜好、是否有家庭遗传病史。

常见问题

1. 招聘考试难度如何？

中国邮政的招聘考试难度因岗位而异。

对快递员和营业员等岗位，考试重点可能集中在业务知识和服务技能上，相对其他岗位来说，难度较低。

银行柜员和保险销售员的岗位，考试则可能更加注重金融知识和销售技巧，难度相对高一级别。

行政管理类岗位，多考查各岗位的专业知识，比如人力资源部主要考查六大模块的知识，包括招聘、培训、薪酬、绩效、规划、员工关系。

信息技术岗位考核难度最大，主要考查计算机基础、编程语言、操作系统等专业知识。

总的来说，中国邮政的招聘考试难度整体适中，主要考查的是应聘者的基础知识、综合素质和沟通能力。考生只要提前做好充分准备，制订复习计划，并做模拟题，难度并不大。

2. 笔试的题目是什么类型？

中国邮政集团有限公司笔试的题目，以2022年校园招聘为例，考查内容包括专业知识、行测、英语、时政等。

专业知识主要考查的是与邮寄业务相关的知识，如集邮业务、快递业务、国际邮件业务等；行测考查的是言语理解、逻辑推理、资料分析等；英语考查的是阅读能力、翻译能力等；时政考查的是近一年发生的时事政治。

3. 面试的形式是什么？

中国邮政的面试流程一般是群面、初面、终面，部分地区会分两天进行面试，部分地区在无领导小组讨论前或后进行半结构化面试。

半结构化面试一般包括自我介绍、职业规划、求职动机、岗位认知等，而无领导小组讨论则是让一组面试者就特定的问题进行讨论，以此观察应聘者的团队协作能力和领导能力。

总结

中国邮政集团有限公司下设金融、邮政和寄递三大主要业务模块。不同业务下设不同岗位，主要为前端的营销、服务岗和后端的技术岗。前端包括快递员、物流客服专员、银行柜员、客户经理等，后端包括系统维护工程师、硬件部署工程师和信息安全工程师等。

从专业角度考量，邮政系统招收经济学、金融学、管理学、法学、计算机、通信等专业，其中计算机类专业是通吃的，前后端的岗位都可以胜任。

从薪资待遇角度考量，前端对学生的技术水平、专业要求不高，部分二、三线城市的岗位亦接收专科毕业生，当然收入也是成正比的，基本上到手月薪不超过1万元，具体要根据城市GDP而定。后端从事技术研发岗的薪资待遇是相对较高的，当然对学历的要求也是最高的，基本上都是硕士研究生起步，在薪资待遇这方面也是可谈的，因个人技术能力的差别而定。

因此，若考生认准这个行业，在进行专业选择时，建议能学计算机相关的工科专业的，就不学经管类专业。原因很简单：第一，计算机专业的毕业生前端和后端的工作都能胜任；第二，后端技术岗只有计算机专业毕业生能胜任，并且薪资待遇更高；第三，计算机这类工科专业的壁垒更高，本科学计算机的学生，研究生或者二学位可以选择经管类专业，但是本科是文理不限的专业，比如汉语言、会计等，若想辅修计算机或者研究生阶段跨考计算机专业几乎不可能。

在大学期间，建议学生积极担任学生干部，早一点通过大学生英语四、六级考试，有能力的可以考虑参加特许金融分析师、金融风险管理师、注册会计师、司法资格等考试。此外，在业余时间还可多参加学生会或社团活动，从而拓宽自己的人脉圈层，提高社交能力。

第十二章 国企系列

航天军工系统

导言

航天军工类国企作为国家战略性产业的重要组成部分，对国家安全和经济发展具有重要意义。它们不仅关乎国家的军事国防力量，也影响着国民经济的多个领域。具体来说，航天军工类国企主要涉及航空、航天、兵器、舰船等领域的研发和制造，主要业务包括火箭、卫星、战斗机、舰艇等军事装备的研发、生产、维修和技术服务。这些企业通过不断的技术创新和研发投入，为国家的科技发展和经济繁荣做出了重要的贡献。

航天军工属于政策密集型和资金密集型产业，其发展受到国家政策的影响较大。在中国，航天军工行业是国家战略性产业的重要组成部分，得到了政府的大力支持和资金投入。作为"大国重器"，航天军工类国企是国家科技实力和综合国力的体现，也是国家安全和发展的重要保障。

航天军工类国企除了具有稳定性之外，还有着广阔的职业发展空间和具有竞争力的薪资待遇。下文将通过公司简介、公司架构、岗位介绍、招聘形式与专业、岗位薪资等角度展开讲解这类企业。

公司简介

我国的航天军工企业众多，下面列举 10 个航天军工企业及其主要开展的业务，供大家参考。

·**中国核工业集团有限公司**：主要承担先进核能利用、核燃料、核应用技术等领域的科研开发、建设和生产经营，以及对外经济合作和进出口业务。

·**中国航天科技集团有限公司**：主要承担运载火箭、应用卫星、载人飞船、空间站、深空探测飞行器等宇航产品及全部战略导弹武器系统的研制、生产和发射试验任务；同时着力发展卫星应用设备及产品、信息技术产品、新能源与新材料产品、航天特种技术应用产品、特种车辆及汽车零部件、空间生物产品等航天技术应用产业；大力开拓以卫星及其地面运营服务、国际宇航商业服务、航天金融投资服务、软件与信息服务等为主的航天服务业。

·**中国航天科工集团有限公司**：坚持高质量发展，着力打造"防务装备产业、航天产业、信息技术产业、装备制造产业、现代服务业"五大主业板块核心竞争力。

·**中国航空工业集团有限公司**：主要承担军用飞机、民用飞机及航空发动机、机载设备与武器等航空产品的科研、生产、销售；大型飞行器无人机系统产品设计、研发和生产；通用航空和交通运输设备的制造；航空技术研发、转化和转移等。

·**中国船舶集团有限公司**：主要承担船舶行业国有资本投资和集中持股运营，以及船舶行业战略性资源整合和专业化重组。

·**中国兵器工业集团有限公司**：主要承担坦克装甲车辆及自行火炮、光电信息、防空反导等武器装备的研制、生产和经营。

·**中国兵器装备集团有限公司**：主要承担各类军用枪械、弹药、军用光电产品等军品的科研生产和经营。

·**中国电子科技集团有限公司**：主要从事国家重要军、民用大型电子信息系统的工程建设等。

·**中国航空发动机集团有限公司**：主要承担航空发动机及其衍生产品、航空发动机地面辅助装置等的科研、生产、销售。

·**中国电子信息产业集团有限公司**：围绕以数字技术支撑国家治理体系和治理能力现代化、服务数字经济高质量发展、保障国家网络安全三大核心任务，着力发展计算产业、集成电路、网络安全、数据应用、高新电子等重点业务，打造国家网信事业核心战略科技力量。

公司架构

以中国航天科技集团有限公司为例，大多数航天军工类国企都是这种公司架构，从事研究工作的多为其下属的科研院所。

组织结构

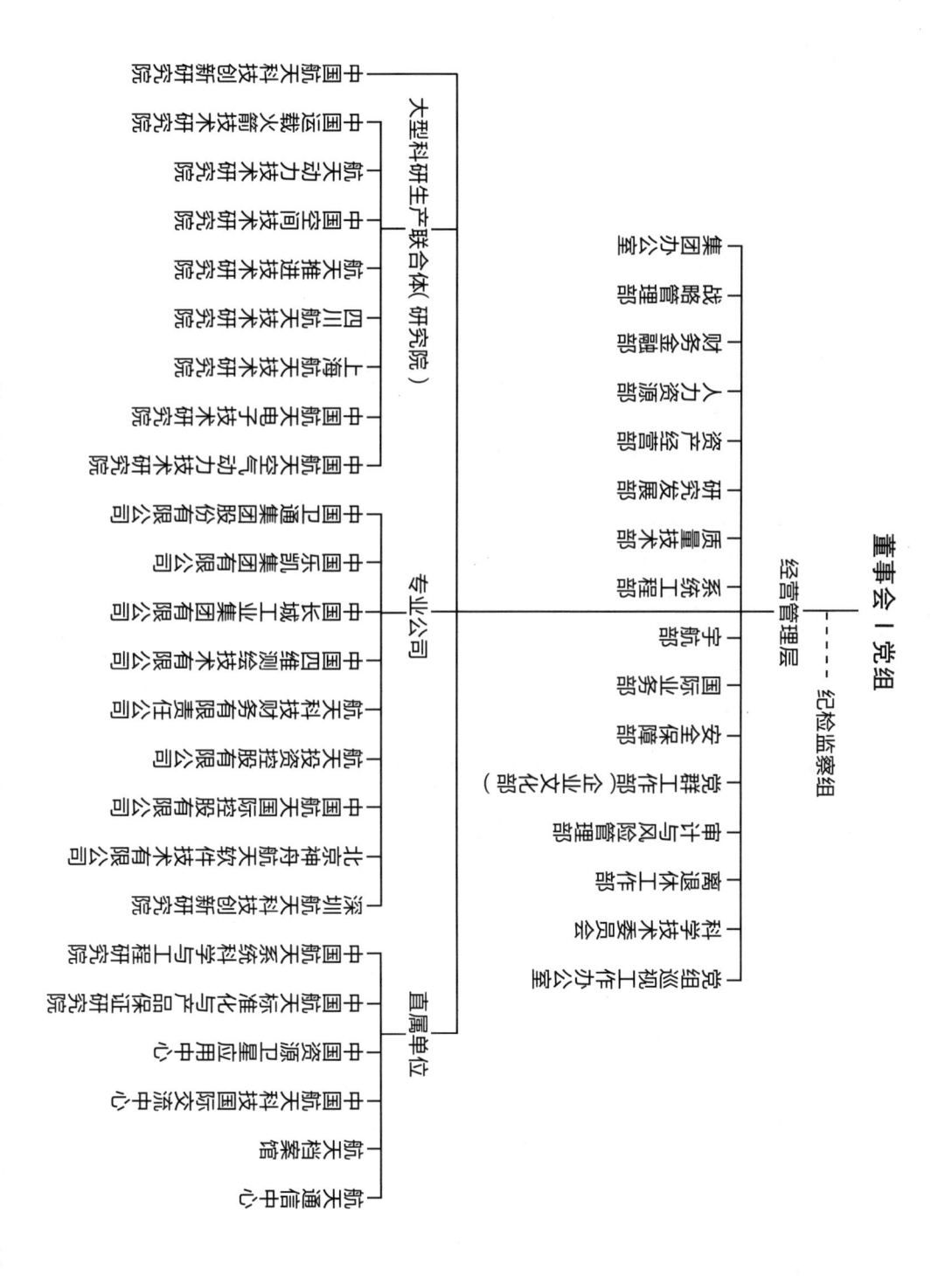

- 董事会 | 党组 ------ 纪检监察组
  - 经营管理层
    - **集团管理层**
      - 集团办公室
      - 战略部
      - 财务资金部
      - 人力资源部
      - 资产经营部
      - 研究发展部
      - 质量技术部
      - 系统工程部
      - 宇航部
      - 国际业务部
      - 安全生产部
      - 党群工作部（企业文化部）
      - 审计部
      - 离退休工作部
      - 科学技术委员会
      - 党组巡视工作办公室
    - **大型科研生产联合体（研究院）**
      - 中国运载火箭技术研究院
      - 航天动力技术研究院
      - 中国空间技术研究院
      - 四川航天技术研究院
      - 上海航天技术研究院
      - 中国航天电子技术研究院
      - 中国航天空气动力技术研究院
    - **专业公司**
      - 中国卫星通信集团有限公司
      - 中国乐凯集团有限公司
      - 中国四维测绘技术有限公司
      - 航天投资控股有限公司
      - 中国航天国际控股有限公司
      - 北京神舟国际航天科技创新与工程研究院
      - 深圳航天科技创新研究院
    - **直属单位**
      - 中国航天系统科学与工程研究院
      - 中国航天标准化研究所
      - 中国资源卫星应用中心
      - 中国航天科技国际交流中心
      - 航天档案馆
      - 航天通信中心

岗位介绍

对航天军工系统内国企的诸多岗位,下面以中国航天科技集团有限公司为例进行介绍。

航天器设计类岗位

该类岗位主要负责航天器的总体设计、关键技术研究和方案论证等工作,要求应聘者具备深厚的专业知识和技能,如航天器动力学、控制系统设计、材料科学等,同时具备良好的团队协作能力和创新精神。

该类岗位主要招收航空航天以及机械、自动化等工科专业,一般要求硕士研究生起步。

制造与测试类岗位

该类岗位主要负责航天器的制造和测试等工作,要求应聘者具备丰富的航天器制造和测试经验,熟悉航天器结构设计、工艺流程和质量控制等方面的知识。此外,还需具备较强的解决问题能力和沟通协调能力。

该类岗位主要招收航空航天以及机械、自动化等工科专业,一般要求本科起步。

空间应用类岗位

该类岗位主要负责卫星通信、导航定位、遥感观测等领域的应用开发和技术支持，要求应聘者具备相关领域的专业知识，熟悉卫星系统的设计、制造和运行原理，以及空间应用技术的开发和应用。

该类岗位主要招收计算机、通信、电子信息、测绘等工科专业，一般要求硕士研究生起步。

地面设备研发类岗位

该类岗位主要负责航天发射场、测控站等地面设备的研制、升级和维护工作，要求应聘者具备扎实的电子、计算机等专业知识，熟悉地面设备的工作原理和技术要求，具备较强的项目管理和团队协作能力。

该类岗位主要招收计算机、电子信息、测绘等工科专业，一般要求本科起步。

规划建议：航天军工类国企的岗位主要包括研发工程师、设计师、工艺师、生产技术员、质量工程师、销售人员和售后服务工程师等。不同岗位需要具备不同的专业技能和知识背景，如研发工程师需要掌握相关领域的技术知识和设计软件，生产技术员需要了解生产流程和工艺要求，售后服务工程师需要具备现场解决技术问题的能力和良好的沟通协调能力。

招聘形式与专业（以中国航天科技集团有限公司为例）

校园招聘

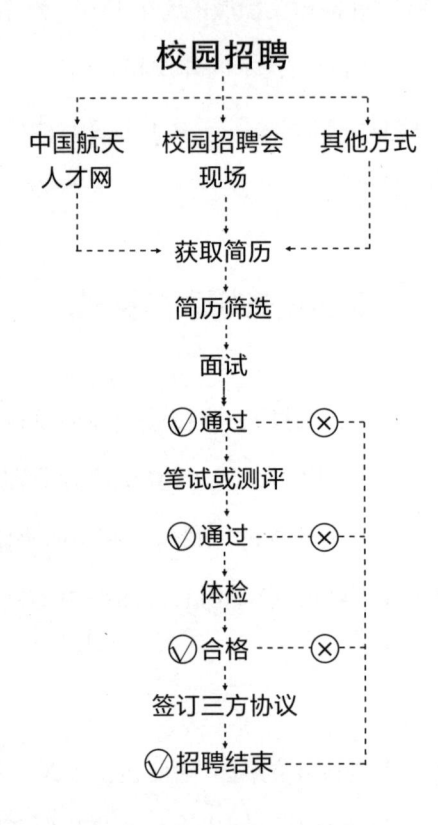

```
           校园招聘
    ┌─────────┼─────────┐
 中国航天   校园招聘会   其他方式
  人才网      现场
    └─────────┼─────────┘
           获取简历
              ↓
           简历筛选
              ↓
            面试
              ↓
         ✓通过 ----- ✗
              ↓
          笔试或测评
              ↓
         ✓通过 ----- ✗
              ↓
            体检
              ↓
         ✓合格 ----- ✗
              ↓
          签订三方协议
              ↓
         ✓招聘结束 -----
```

1. 招聘学科类别

安全科学与工程、兵器、兵器科学与技术、材料、材料科学与工程、测绘、测绘地理信息、测绘科学与技术、船舶与海洋工程、财务会计、财政学、动力工程及工程热物理、地理学、地理科学、电力技术、电子信息、电子商务、电子科学与技术、电气、电气工程、法学、光学工程、公共管理、工业工程、工商管理、管理科学与工程、化学、化学工程与技术、化工与制药、核科学与技术、环境科学与工程、航空宇航科学与技术、航空航天、交通运输、

244

建筑、建筑学、建设工程管理、教育学、机械、机械工程、机械设计与制造、经济学、计算机、计算机科学与技术、控制科学与工程、力学、旅游管理、马克思主义理论、能源动力、气象、汽车制造、软件工程、市场营销、数学、水利、生物科学、设计学、体育学、图书情报与档案管理、土木、土木工程、天文学、统计学、通信、外国语言文学、物流管理与工程、物理学、网络空间安全、信息与通信工程、新闻传播学、系统科学、仪器科学与技术、应用经济学、艺术设计、中国语言文学、政治学、自动化。

规划建议：招聘人员主要以机械工程、航空宇航科学与技术、兵器科学与技术、船舶与海洋工程等相关专业为主。此外，电子工程、自动化控制、计算机科学与技术等相关专业的技术人员和管理人才招聘需求也是很大的。其他专业的同学也招，但是招聘的岗位少之又少，如果想要进入此类企业，在选择专业的时候需要慎重。

2. 招聘单位（二级）

航天科技创新研究院、航天一院、航天四院、航天五院、航天六院、航天七院、航天八院、航天九院、航天十一院、中国卫通集团股份有限公司、中国乐凯集团有限公司、中国长城工业集团有限公司、中国航天系统科学与工程研究院、中国四维测绘技术有限公司、航天科技财务有限责任公司、航天投资控股有限公司、中国航天国际控股有限公司、北京神舟航天软件技术股份有限公司、中国航天标准化与产品保证研究院、中国资源卫星应用中心、深圳航天科技创新研究院、中国航天科技国际交流中心、航天档案馆、航天通信中心。

规划建议：不同单位招聘的岗位不同，比如航天一院这类科研院所招聘的都是科研人员，要求的学历大多数都是硕士研究生起步，且对研究方向有要求。本科生去的单位大多数都是维修、维护、生产部门或者企业。北京航空航天大学、西北工业大学、哈尔滨工业大学、南京航空航天大学、国防科技大学等大学相关工科专业的毕业生多数都进入了航天一院这类科研院所。

3. 工作地点

北京、天津、烟台、泰安、西安、长治、兰州、上海、无锡、襄阳、成都、深圳等。

规划建议：不同地区的薪资待遇不同，比如北京、上海、广州、深圳的薪资水平较高，但是军工类国企的工资收入天花板不高，不能抱有太大期望。

星辰英才计划

"星辰英才计划"是航天科技集团专门面向航天主体专业需求的优秀高校毕业生而提前启动的校园招聘计划。

主要招聘控制科学与工程、信息与通信工程、电子科学与技术、计算机科学与技术、软件工程、人工智能、集成电路科学与工程、机械工程、材料科学与工程、航空宇航科学与技术、仪器科学与技术、测绘科学与技术、力学、动力工程及工程热物理、电气工程、光学工程等专业的优秀毕业生。

社会招聘

社会招聘主要面向有工作经验的本科及以上学历的相关专业的成熟人才，具体招聘信息可见"中国航天人才网"，在此不多做介绍。

岗位薪资

航天军工类国企一般薪资水平相对较高，但具体数字会受到不同因素的影响，例如岗位级别、职位要求、个人能力和经验等。从某招聘软件进行大数据筛选，一般而言，初级职位月薪可能为5000—12000元，而高级职位及管理层的月薪可达数万元。

以上数字仅供参考，实际薪资水平还需要视具体情况和公司政策而定。

总结

总的来说，航天军工类国企作为国家战略性产业的重要组成部分，具有稳定的工作环境和良好的职业发展前景。除了稳定性之外，这些企业还拥有广阔的市场和发展空间，为员工的职业发展提供了重要的机遇和挑战。若想投身国防科研事业或追求稳定的工作，这些企业将是一个不错的选择。但需要注意的是，这类工作为国贡献极大，非常需要家人的精神支持和经济支持，由于其工作的特殊性，薪资上限空间不大，经济状况不太乐观的家庭需要仔细斟酌。

第十三章 国企系列

船舶系统

导言

"中国船舶"这个名字象征着勇往直前的探索精神，代表着无畏的开拓者。中国船舶所到的每一个角落，都是星辰与大海的交汇点，是一段未知的旅程，是对未来的勇敢追求。

中国船舶工业的发展，见证了中国从海洋大国向海洋强国的转变。随着全球经济的不断发展和海洋运输业的持续繁荣，船舶工业在各国经济中发挥着越来越重要的作用。作为国家的重要支柱产业，船舶工业在航运、海洋资源开发、国防建设等领域都扮演着关键的角色。在中国，国有船舶企业作为行业的领军者，更是肩负着引领行业发展、提升国际竞争力的重要使命。

本章旨从船舶系统简介、院校和专业选择、部分船舶企业的招聘需求等多个角度，对国有船舶企业进行介绍。

船舶系统简介

中国船舶集团有限公司是于 2019 年 10 月 14 日由原中国船舶工业集团有限公司（南船）与原中国船舶重工集团有限公司（北船）联合重组成立的特大型国有重要骨干企业[1]，有科研院所、企业单位和上市公司 95 家，资产总额 10066.16 亿元，员工 20.5 万人，拥有我国最大的造、修船基地和最完整的船舶及配套产品研发能力，能够设计建造符合全球船级社规范、满足国际通用技术标准和安全公约要求的船舶海工装备，是全球最大的造船集团。总部位于上海市黄浦区。

中国船舶集团有限公司是海军武器装备科研、设计、生产、试验、保障的主体力量，坚持把军工科研生产任务作为责任和首要任务，承担以航母、核潜艇为代表的我国海军全部主战装备科研生产任务，为海军转型发展提供了有力支撑。

中国船舶集团有限公司是我国船舶工业发展的国家队、主力军，培育了国产大型油轮、液化天然气运输船、超大型集装箱船等集研发、制造、配套为一体的世界级海洋装备先进产业集群。

中国船舶集团总部设立党组织工作机构 3 个和总部部门 14 个，集团公司旗下拥有 36 家科研院所、10 家上市公司，总计 106 家党组管理成员单

---

[1] 南船侧重于船舶制造，北船侧重于船舶设计和配套，2019 年"两船"合并之后，极大提升了我国船舶业的国际竞争力。

位以及 53 家驻外机构。

类别	名称及其他信息
主要上市公司	中国船舶重工股份有限公司（中国重工—北京）、中国船舶重工集团动力股份有限公司（中国动力—北京）、中国船舶工业股份有限公司（中国船舶—上海）、中船海洋与防务装备股份有限公司（中船防务—广州）、中国船舶重工集团海洋防务与信息对抗股份有限公司（中国海防—北京）、中国船舶重工集团应急预警与救援装备股份有限公司（中船应急—武汉）、中船科技股份有限公司（中船科技—上海）、湖北久之洋红外系统股份有限公司（久之洋—武汉）
主要研究所	中国舰船研究院（七院—北京）、船舶信息研究中心（七一四所—北京）、大连测控技术研究所（七六〇所—大连）、广州船舶及海洋工程设计研究院（六〇五院—广州）、杭州应用声学研究所（七一五所—杭州）、邯郸净化设备研究所（七一八所—邯郸）、华中光电技术研究所（七一七所—武汉）、哈尔滨船舶锅炉涡轮机研究所（七〇三所—哈尔滨）、江苏自动化研究所（七一六所—连云港）、九江精密测试技术研究所（六三五四所—九江）、昆明船舶设备研究试验中心（七五〇试验场—昆明）、洛阳船舶材料研究所（七二五所—洛阳）、南京船舶雷达研究所（七二四所—南京）、西安精密机械研究所（七〇五所—西安）、上海船舶设备研究所（七〇四所—上海）、上海船用柴油机研究所（七一一所—上海）、上海船舶电子设备研究所（七二六所—上海）、上海船舶研究设计院（六〇四院—上海）、天津航海仪器研究所（七〇七所—天津）、武汉船用电力推进装置研究所（七一二所—武汉）、武汉数字工程研究所（七〇九所—武汉）、武汉第二船舶设计研究所（七一九所—武汉）、武汉船舶通信研究所（七二二所—武汉）、宜昌测试技术研究所（七一〇所—宜昌）、扬州船用电子仪器研究所（七二三所—扬州）、中国舰船研究设计中心（七〇一所—武汉）、中国船舶科学研究中心（七〇二所—无锡）、中国船舶及海洋工程设计研究院（七〇八所—上海）、中国船舶工业系统工程研究院（五所—北京）、中国船舶工业综合技术经济研究院（六〇一院—北京）、中国船舶工业集团公司第十一研究所（上海）、郑州机电工程研究所（七一三所—郑州）
工程建筑开发类	中船第九设计研究院工程有限公司(上海)、中船勘察设计研究院有限公司(上海)、上海瑞舟房地产发展有限公司(上海)、上海瑞苑房地产开发有限公司(上海)

院校和专业选择

若想进入船舶系统发展，可优先考虑以下高校：清华大学、北京大学、上海交通大学、浙江大学、西北工业大学、北京理工大学、北京航空航天大学、哈尔滨工业大学、哈尔滨工程大学、华中科技大学、西安交通大学、国防科技大学、天津大学、大连理工大学、大连海事大学、中南大学、上海海事大学、海军工程大学、南京理工大学、南京航空航天大学、江苏科技大学、武汉理工大学等。

在专业层面，侧重学校的同时可以考虑以下专业：海洋工程类、交通运输类、机械类、能源动力类、自动化类、电气类、电子信息类、计算机类、材料类、核工程类、财会类、经济类、法学类等。

下文选取了七所院校进行详细介绍。

哈尔滨工程大学

哈尔滨工程大学是我国"三海一核"（船舶工业、海军装备、海洋开发、核能应用）领域重要的人才培养和科学研究基地。

哈尔滨工程大学的船舶工程学院是该校建校以来历史最悠久的院系之一，始于1953年成立的中国人民解放军军事工程学院（哈军工）海军工程系。后来，中国人民解放军军事工程学院的部分院系转移到了长沙，成立了长沙工学院（现为国防科技大学），海军部和部分空军部留下来成立了哈尔滨船舶工程学院。20世纪90年代，哈尔滨船舶工程学院更名为哈尔滨工程大学。

哈尔滨工程大学与海洋有关的专业是学校的强势专业，该校与海军关系不错，学生有机会参观海军基地。该校设有国家级国际科技合作基地、国家级学科创新引智基地、国际联合研究中心、重点学科实验室等。2017年，哈尔滨工程大学入选"双一流"建设高校，船舶与海洋工程专业入选"世界一流学科"建设名单。

哈尔滨工程大学船舶与海洋工程专业的毕业生非常受中船重工、中船工业、中国航天科技、中国航天科工等大型集团所属各科研院（所）及大型央企、国企的欢迎。

哈尔滨工程大学2022届毕业生去往国防科技工业单位就业情况（部分）[1]

学历 单位	学校总体		本科		硕士		博士	
	人数	占比	人数	占比	人数	占比	人数	占比
中国船舶集团有限公司	287	7.15%	63	4.25%	198	8.81%	26	9.06%
中国航空工业集团有限公司	166	4.13%	39	2.63%	125	5.56%	2	0.70%
中国电子科技集团有限公司	155	3.86%	24	1.62%	126	5.60%	5	1.74%
中国航天科工集团有限公司	124	3.09%	8	0.54%	109	4.85%	7	2.44%
中国核工业集团有限公司	81	2.02%	52	3.51%	25	1.11%	4	1.39%
中国航天科技集团有限公司	74	1.84%	3	0.20%	64	2.85%	7	2.44%

[1] 来源于《哈尔滨工程大学2022年毕业生就业质量年度报告》。

续表

学历 单位	学校总体		本科		硕士		博士	
	人数	占比	人数	占比	人数	占比	人数	占比
中国航空发动机集团有限公司	71	1.77%	19	1.28%	51	2.27%	1	0.35%
中国兵器工业集团有限公司	60	1.49%	8	0.54%	49	2.18%	3	1.05%
工信部直属单位	57	1.42%	34	2.30%	12	0.53%	11	3.83%
中国兵器装备集团有限公司	16	0.40%	5	0.34%	11	0.49%	0	0.00%
中国电子信息产业集团有限公司	13	0.32%	12	0.81%	1	0.04%	0	0.00%
中国商用飞机有限责任公司	9	0.22%	0	0.00%	9	0.40%	0	0.00%
部队及所属单位	8	0.20%	3	0.20%	3	0.13%	2	0.70%
中国工程物理研究院	3	0.07%	0	0.00%	3	0.13%	0	0.00%
其他配套单位	479	11.93%	159	10.74%	301	13.39%	19	6.62%
小计	1603	39.92%	429	28.97%	1087	48.35%	87	30.31%
总体就业人数	4016	100.00%	1481	100.00%	2248	100.00%	287	100.00%

上海交通大学

2003 年，上海交通大学的船舶与海洋工程系和建筑工程与力学学院合并组建为船舶海洋与建筑工程学院。该学院现拥有 2 个教育部"双一流"建设学科：船舶与海洋工程、土木工程。2 个一级学科国家重点学科：船舶与海洋工程、力学。船舶与海洋工程学科在2023年软科世界一流学科排名中连续七年蝉联第一，该一级学科涵盖3个二级学科：船舶与海洋结构物设计制造、轮机工程、水声工程。

该学院的海洋工程全国重点实验室于1993年正式对外开放。另外，船舶与海洋工程国家实验室正在筹备中。

上海交通大学2022届毕业生去往国防科技工业单位及部队就业情况[1]

就业单位	2022年招录				2021年招录人数
	本科生	硕士生	博士生	合计	
中国工程物理研究院	1	3	9	13	6
中国核工业集团	0	9	4	13	16
中国航天科技集团	1	47	30	78	43
中国航天科工集团	1	3	5	9	8
中国航空工业集团	6	32	8	46	33
中国船舶集团	9	56	27	92	80
中国电子科技集团	8	25	7	40	51
中国兵器工业集团	1	5	4	10	2
中国兵器装备集团	2	2	0	4	7
中国航空发动机集团	0	23	11	34	40
中国电子信息产业集团	4	3	0	7	4
中国商飞公司	1	15	3	19	40
部队	2	1	5	8	12
总计	36	224	113	373	342

海军工程大学

海军工程大学的前身是创建于1949年11月的大连海军学校机械系，后升格为海军工程学院。1999年，海军工程学院和原海军电子工程学院合

---

[1] 来源于《上海交通大学2022年就业质量报告》。

并组建为海军工程大学。

海军工程大学所设置的专业以船舶、机械、电气、核工程为主，分为指挥类和非指挥类两个方向。指挥类专业毕业生在部队从事作战指挥军官，非指挥类专业毕业生在后方从事技术研究和教学等方面的工作。

在我国大学的学科设置中，与航母研制联系最紧密的学科是船舶与海洋工程。海军工程大学开设的专业覆盖了海军绝大部分装备技术，其中就包括船舶与海洋工程。海军工程大学的专业主要分为舰艇和潜艇两个方向。舰艇方向的学生，毕业后分配到海上舰艇工作；潜艇方向的学生，毕业后分配到潜艇工作，工作待遇是海军工程大学所有专业中最高的，不过也是最苦、最闷的，因为需要常年待在潜艇内部，在海底下深藏。

大连海事大学

大连海事大学船舶与海洋工程学院设有船舶与海洋工程、能源与动力工程、救助与打捞工程、机械设计制造及其自动化4个本科专业和机械基础教研室。救助与打捞工程专业2011年入选教育部"卓越工程师"培养计划。学院拥有2个国家级大学生校外实践基地，人才培养质量得到CCS质量体系认证。

2021届毕业生签约世界500强、中央企业人数为1127人，占签约就业人数的39.56%。

大连海事大学2021届部分毕业生签约情况[1]

单位名称	2021年世界500强排名	本科生	研究生	总计
中国船舶集团有限公司	240	56	66	122
招商局集团有限公司	163	111	9	120

---

[1] 来源于《大连海事大学2021届毕业生就业质量年度报告》。

续表

单位名称	2021年世界500强排名	本科生	研究生	总计
中国远洋海运集团有限公司	231	100	15	115
中国建筑集团有限公司	13	58	20	78
潍柴动力股份有限公司	425	7	34	41
华为投资控股有限公司	44	9	29	38
海尔智家股份有限公司	405	19	15	34
中国电子科技集团有限公司	354	5	23	28
京东集团股份有限公司	59	5	22	27
中国第一汽车集团有限公司	66	20	7	27
国家电网有限公司	2	8	18	26
中国航空工业集团有限公司	140	7	15	22
中国中车集团	349	6	16	22
中国移动通信集团有限公司	56	7	14	21
厦门国贸控股集团有限公司	171	21	0	21
小米集团	338	4	17	21
埃森哲	258	10	6	16
中国铁道建筑集团有限公司	42	14	1	15
中国海洋石油集团有限公司	92	14	1	15
美的集团股份有限公司	288	11	3	14

天津大学

天津大学船舶与海洋工程学科是全国创办最早的学科之一，是国家"985""211""双一流"重点建设学科，首批国家特色专业、首批国家卓越工程人才计划专业、教育部重点学科，2019年获评首批国家一流本科专业，分为高新船舶与海洋装备智能设计及管理、智慧海洋工程与智能海事、国际航运与船海工程智能化管理三个专业培养方向。

天津大学建筑工程学院于1997年由原土木工程系、水资源与港湾工程系、船舶与海洋工程系合并成立，现有土木工程、水利工程、船舶与海洋工程三个一级学科，全部具有一级学科博士授予权并设有博士后流动站。船舶与海洋结构物设计制造二级学科为天津市重点学科。在全国第四轮学科评估中，船舶与海洋工程一级学科的评估结果为 B（排名第四）。

天津大学 2021 届毕业生整体去向（部分）[1]

就业单位	就业人数
国家电网有限公司	209
中国建筑集团有限公司	177
华为投资控股有限公司	137
中国电子科技集团有限公司	123
天津大学	109
中国船舶集团有限公司	84
中国航天科技集团有限公司	63
中国航空工业集团有限公司	61
中国核工业集团有限公司	56
国家知识产权局	50
字节跳动有限公司	48
中国石油化工集团有限公司	47
中国电力建设集团有限公司	46
百度控股有限公司	43
中兴通讯股份有限公司	42
中国航天科工集团有限公司	42
京东集团股份有限公司	41
中国兵器工业集团有限公司	41
中国海洋石油集团有限公司	39
小米集团	38
中国交通建设集团有限公司	38
美团香港有限公司	37
展讯通信有限公司	37
中国国家铁路集团有限公司	35
中国农业银行股份有限公司	35

武汉理工大学

武汉理工大学交通运输工程学科起源于 1946 年原国立武昌海事学校，

---

[1] 来源于《2021 天津大学就业质量年度报告》。

是迄今为止湖北省唯一的交通运输工程一级重点学科，在全国第四轮学科评估中评为 B+，并列全国第六。2021 年获批交通强国建设试点高校。

交通与物流工程学院于 2021 年 7 月由原交通学院的交通运输管理系、交通工程系、道路与桥梁工程系，原能源与动力工程学院的船机运用工程系、能源储运工程系和原物流工程学院合并组建。学院努力打造交通规划设计、运载装备、基础设施、港口物流、交通信息与控制等全链条专业群，聚焦水陆交通运输安全、绿色和智能化发展，形成了船港装备与管道运用工程、交通环境与安全保障、智能交通系统工程、道桥建设与管养、交通运输规划与物流管理、物流装备与自动化工程等特色方向。

武汉理工大学 2021 届毕业生整体去向（部分）[1]

序号	单位名称	单位类型	本科生	研究生	合计
1	中国建筑集团有限公司	世界 500 强	380	36	416
2	华为投资控股有限公司	世界 500 强	50	103	153
3	中国船舶集团有限公司	世界 500 强	47	66	113
4	中兴通讯股份有限公司	知名单位	43	69	112
5	TCL 科技集团股份有限公司	知名单位	43	62	105
6	烽火通信科技股份有限公司	知名单位	81	18	99
7	上海汽车集团股份有限公司	世界 500 强	72	27	99
8	紫光股份有限公司	知名单位	14	68	82
9	东风汽车集团有限公司	世界 500 强	47	21	68
10	比亚迪股份有限公司	知名单位	44	15	59
11	中国交通建设集团有限公司	世界 500 强	36	21	57
12	中国核工业集团有限公司	世界 500 强	42	13	55
13	中华人民共和国交通运输部	知名单位	32	21	53
14	国家电网有限公司	世界 500 强	35	17	52
15	美的集团股份有限公司	世界 500 强	31	20	51

---

[1] 来源于《武汉理工大学 2021 届毕业生就业质量年度报告》。

西北工业大学

西北工业大学是我国"三航"（航空、航天、航海）领域的王牌院校，在"三航"行业人才培养领域形成了独特的"西工大现象"。

西北工业大学航海学院成立于1956年，是全国高校中唯一设置水下武器类专业的研究型学院，拥有兵器科学与技术（原武器系统与运用工程）和水声工程两个国家重点学科，目前拥有水下信息与控制、声学工程与检测技术两个国家级实验室。

根据2021年5月学院官网信息显示，学院设有船舶与海洋工程、信息工程、水声工程、海洋工程与技术4个本科专业。

部分船舶企业的招聘需求

中船（天津）船舶制造有限公司2023校园招聘公告

院校及专业类别	学历	录取部门类别	单一工资（工资总额，元/月）
"双一流"院校的一流专业（含重点特色专业）	硕士研究生	一类	7900
		二类	7700
		三类	7500
	本科	一类	6900
		二类	6700
		三类	6500

续表

院校及专业类别	学历	录取部门类别	单一工资（工资总额，元/月）
"双一流"院校的其他专业或其他院校的重点特色专业	硕士研究生	一类	7400
		二类	7200
		三类	7000
	本科	一类	6400
		二类	6200
		三类	6000
其他院校及专业	硕士研究生	一类	6400
		二类	6200
		三类	6000
	本科	一类	5400
		二类	5200
		三类	5000

中国船舶集团有限公司2023届校园招聘公告

招聘单位	下属科研院所、上市公司、企业单位
招聘流程	网上招聘与校园宣讲同步→接收简历→筛选简历→面试签约
重点专业	海洋工程类、交通运输类、机械类、能源动力类、自动化类、电气类、电子信息类、计算机类、材料类、核工程类、其他理工科类、管理/经济/法学类等其他学科
校园专场招聘会行程	线路1：哈尔滨工程大学→哈尔滨工业大学→天津大学→大连理工大学→大连海事大学→清华大学→北京大学→北京理工大学→北京航空航天大学→南京理工大学→南京航空航天大学 线路2：江苏科技大学→武汉理工大学→华中科技大学→西安交通大学→西北工业大学→中南大学→国防科技大学→浙江大学→上海交通大学→上海海事大学
工作地点	北京市、上海市、天津市、黑龙江省、辽宁省、河北省、河南省、山西省、陕西省、浙江省、江苏省、重庆市、安徽省、江西省、广西壮族自治区、广东省、云南省、香港特别行政区

中国船舶集团七一八所 2023 届校园招聘公告

招聘对象	应、往届高校硕士、博士毕业生
专业方向	化学化工及材料吸附方向、水下航行器方向、高分子材料方向、电气工程相关方向、市场营销方向（理工科背景优先）、审计 / 会计 / 税务方向、化学化工 / 应用化学 / 工业催化 / 分析化学方向等
薪酬福利	·基本工资＋绩效工资＋创新奖励激励 ·缴纳五险一金，享有餐补、保密保健、冬季取暖、夏季高温等各类津贴补贴以及大额医疗、补充医疗、年度免费体检、工会过节福利、带薪年休假、探亲假和符合国家规定的其他职工福利
应聘方式	电子邮件主题：姓名＋学校＋学历＋应聘岗位，发送至 718rsc@163.com

中国船舶重工股份有限公司招聘岗位

1. 船舶制造类岗位

船舶设计师：负责船舶的设计工作，包括结构设计、电气设计、液压气动设计等。需要具备扎实的专业知识和较强的创新能力。

船舶工程师：负责船舶的建造工作，包括船体加工、设备安装及调试等。需要具备较强的技术能力和团队合作精神。

船舶检验员：负责对新造船舶进行检验和评估，确保其符合国际海事组织的标准和规定。需要具备严谨的工作态度和较高的专业水平。

船舶销售代表：负责船舶的销售和市场推广工作。需要具备较强的市场营销能力和良好的客户沟通能力。

2. 海洋工程类岗位

海洋工程师：负责海洋工程项目的设计和管理，包括海底管道、海上风力发电等。需要具备较强的技术能力和丰富的项目管理经验。

海洋调查员：负责对海洋环境进行调查和监测，为海洋资源的开发和管理提供数据支持。需要具备较强的科学素养和技术能力。

海洋平台操作员：负责操作海上石油钻井平台和其他海洋设施，确保其安全稳定运行。需要具备较强的操作技能和应急处理能力。

3. 动力系统类岗位

发动机设计师：负责发动机的设计和优化，提高其性能和效率。需要具备扎实的机械和热力学知识。

电力系统工程师：负责船舶电力系统的规划和设计，确保其安全可靠运行。需要具备较强的电气控制理论和实践经验。

推进系统工程师：负责船舶推进系统的规划和设计，确保其高效节能。需要具备较强的流体力学和推进系统知识。

4. 机电一体化类岗位

自动化工程师：负责船舶自动化控制系统的设计和开发，提高其智能化水平。需要具备较强的计算机技术和控制理论知识。

机器人技术专家：负责开发机器人技术并将其应用于船舶制造中，提高生产效率和质量。需要具备较强的机械和电子技术知识。

智能交通系统工程师：负责开发和完善智能交通系统在船舶中的应用，提高航行安全性和舒适度。需要具备较强的通信技术和导航定位知识。

5. 信息技术类岗位

软件开发工程师：负责开发和维护公司的信息系统软件，包括ERP系统、MES系统等。需要具备较强的编程能力和软件工程知识。

数据分析师：负责对公司的数据进行分析和挖掘，提供决策支持和业务优化建议。需要具备较强的统计学和数据处理能力。

中国船舶重工股份有限公司投资占比情况[1]

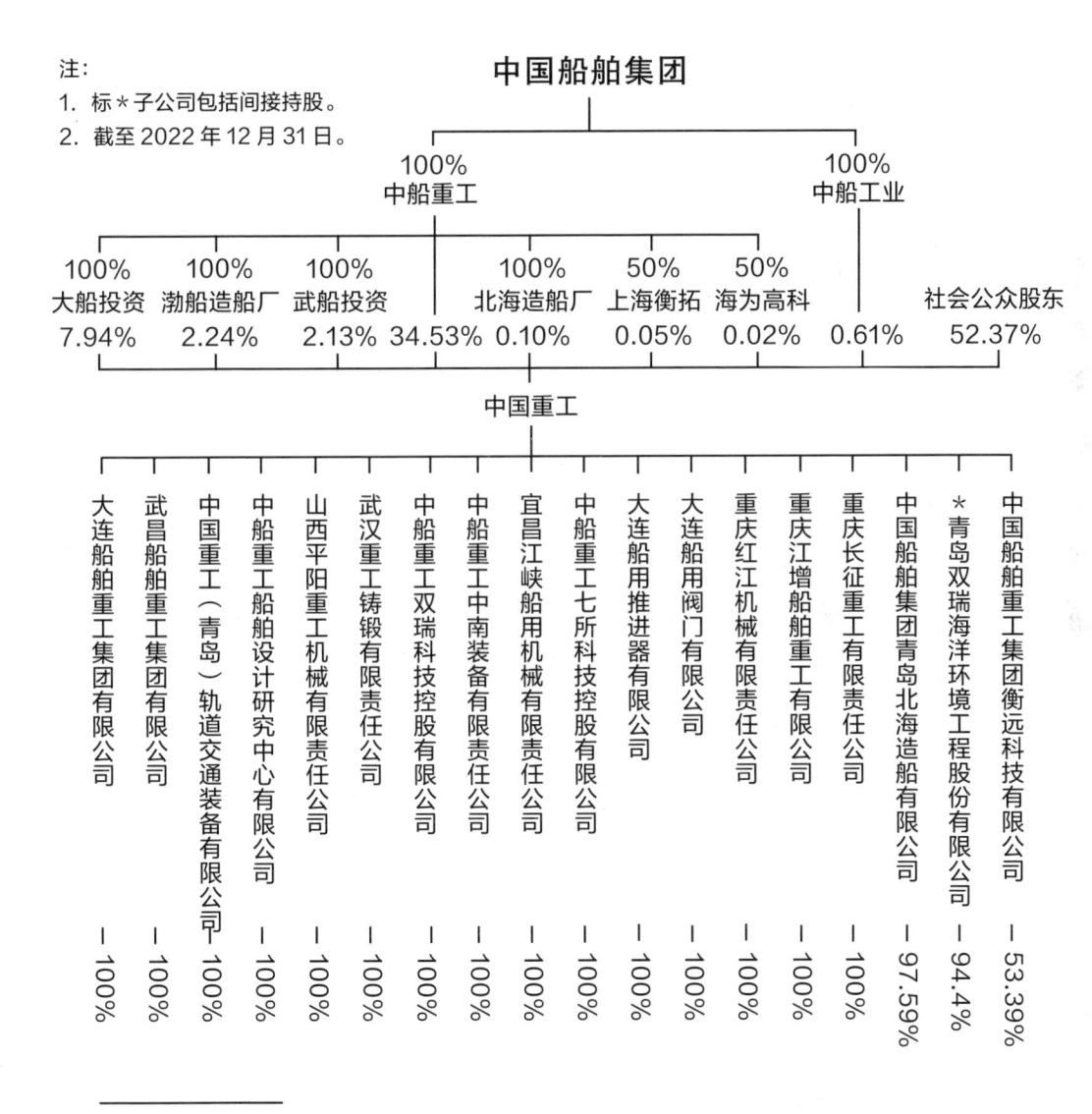

注：
1. 标*子公司包括间接持股。
2. 截至2022年12月31日。

```
                          中国船舶集团
                    100%              100%
                   中船重工            中船工业

  100%    100%    100%    100%    100%    50%    50%
 大船投资 渤船造船厂 武船投资 北海造船厂 上海衡拓 海为高科           社会公众股东
  7.94%   2.24%   2.13%   34.53%  0.10%   0.05%  0.02%  0.61%  52.37%

                          中国重工
```

- 大连船舶重工集团有限公司 — 100%
- 武昌船舶重工集团有限公司 — 100%
- 中国重工（青岛）轨道交通装备有限公司 — 100%
- 中船重工船舶设计研究中心有限公司 — 100%
- 山西平阳重工机械有限责任公司 — 100%
- 武汉重工铸锻有限责任公司 — 100%
- 中船重工双瑞科技控股有限公司 — 100%
- 中船重工中南装备有限责任公司 — 100%
- 宜昌江峡船用机械有限责任公司 — 100%
- 中船重工七所科技控股有限公司 — 100%
- 大连船用推进器有限公司 — 100%
- 大连船用阀门有限公司 — 100%
- 重庆红江机械有限责任公司 — 100%
- 重庆江增船舶重工有限公司 — 100%
- 重庆长征重工有限责任公司 — 100%
- 中国船舶集团青岛北海造船有限公司 — 97.59%
- *青岛双瑞海洋环境工程股份有限公司 — 94.4%
- 中国船舶重工集团衡远科技有限公司 — 53.39%

[1] 来源于中国船舶重工股份有限公司官网。

常见问题

1. 船舶类高考选科怎么选择？

船舶行业需要大量的理工科人才，所以在选科规划上物理、化学必选，第三门课根据不同院校和自身情况进行选择。

院校	专业名称	专业选考科目要求
海军工程大学	船舶电子电气工程、船舶与海洋工程	物理、化学（2门科目考生均须选考方可报考）
海军潜艇学院	船舶与海洋工程（潜水技术与指挥）	物理、化学（2门科目考生均须选考方可报考）
天津大学	工科试验班：船舶与海洋工程（高新船舶与海洋装备智能设计及管理）	物理、化学（2门科目考生均须选考方可报考）
大连理工大学	船舶与海洋工程	物理、化学（2门科目考生均须选考方可报考）
大连海事大学	机械类：船舶与海洋工程、机械设计制造及其自动化、能源与动力工程、救助与打捞工程（海洋智能装备）、船舶电子电气工程	物理、化学（2门科目考生均须选考方可报考）
哈尔滨工程大学	海洋工程类：船舶与海洋工程、海洋机器人、智慧海洋技术	物理、化学（2门科目考生均须选考方可报考）
上海交通大学	船舶与海洋工程、交通运输工程、土木工程	物理、化学（2门科目考生均须选考方可报考）
上海海事大学	船舶与海洋工程	物理、化学（2门科目考生均须选考方可报考）
江苏科技大学	船舶与海洋工程、海洋工程与技术、船舶与海洋工程（中外合作办学）	物理、化学（2门科目考生均须选考方可报考）
江苏海洋大学	船舶与海洋工程	物理、化学（2门科目考生均须选考方可报考）
哈尔滨工业大学（威海）	船舶与海洋工程、船舶与海洋工程(中外合作办学)	物理、化学（2门科目考生均须选考方可报考）
华中科技大学	船舶与海洋工程	物理、化学（2门科目考生均须选考方可报考）

院校	专业名称	专业选考科目要求
武汉理工大学	能源动力类：能源与动力工程（船舶）、油气储运工程 海洋工程类：港口航道与海岸工程、船舶与海洋工程	物理、化学（2门科目考生均须选考方可报考）
西北工业大学	海洋工程类：船舶与海洋工程、水声工程、信息工程、海洋工程与技术（智慧海洋试验班） 航空航天类：飞行器设计与工程、飞行器制造工程、飞行器动力工程、工程力学、船舶与海洋工程（本研衔接班）	物理、化学（2门科目考生均须选考方可报考）

2. 未来发展怎么样？

我国虽然在该领域内硕果累累，但仍明显落后于欧美国家，无法满足国家海洋战略的需求。因此，国家先后出台了一系列政策，扶持和带动船舶工业全面发展。据调查显示，船舶与海洋工程专业现在的就业率和就业质量都很高，局部还出现了供不应求的局面，至于未来，随着中国经济的发展和海洋战略的推进，船舶与海洋工程专业的前景则会更好。实践能力较强的毕业生可以去船厂做船舶设计师，工作相对较轻松；在造船厂当督工工程师，也就是总工程师之类，必须现场督工，相对较苦，但报酬丰厚。理论研究能力较强的毕业生可以去研究院、研究所搞研究，要求学习能力非常强，专业基础非常好；也可在大学任教，基本要考到博士水平发展空间才比较大。

3. 就业方向

船舶与海洋工程专业的学生毕业后可到船舶与海洋工程设计研究单位、海事局、造船厂、国内外船级社、船舶公司、海洋石油单位、高等院校、船舶运输管理、船舶贸易与经营、海关、海上保险和海事仲裁等部门，从事船舶与海洋结构物设计、研究、制造、检验、使用和管理等工作，也可到相近行业和信息产业有关单位就业。

4. 性别因素

据阳光高考平台统计数据显示，船舶与海洋工程专业的毕业生规模为2500—3000人，就业率为85%—90%，其中，男性占87%，女性占13%。所以在一定程度上可能会劝退部分学生。

总结

毕业后若希望留在离家较近的省会城市，并从事与造船相关的工作，加入中国船舶集团将是个理想的选择。该集团拥有庞大的组织架构，包括36家科研院所、10家上市公司以及53家驻外机构，可以为员工提供在国内不同地区，甚至出国发展的多样化机会。在集团内部，博士研究生学历可直接获得事业编制，而其他学历将获得企业编制，学历差异也会反映在薪酬待遇上。若有意进入中船旗下的研究机构，进一步提升学历亦可成为就业中的优势。

第十四章

国企系列

民航公司

导言

随着科技的迅速发展，民用航空逐渐成为我们生活中不可或缺的一部分。自从莱特兄弟于 1903 年首次成功试飞世界上第一架飞机以来，航空领域经历了从无到有、从弱到强的历程。在过去的百年里，人类不断地突破飞行的极限，从最早的木制飞行器到如今能够穿越云海的大型客机，民用航空经历了翻天覆地的变化。如今，飞机已经成为我们出行的重要方式之一，而且越来越普及。在航空公司上班成为很多学生梦寐以求的职业，体面高薪的职业特点每年也吸引了大量的学生。本章将从民用航空公司简介、组织架构、招聘相关、薪资待遇几方面进行一番详细的介绍。

民用航空公司简介

民用航空是区别于国防、海关、警察等国家级航空活动的一种非军事航空活动，主要包括公共航空运输和通用航空运输两方面。随着经济的发展和人们出行观念的变化，当前在远距离运输和通行中，航空运输已经成为越来越多人的首选，在市场经济发展中发挥着不可替代的作用。民用航空除了民用客机业务，还包含物资运输、地面后勤等诸多板块。基于在管理、服务、飞机维护等多方面的要求，民用航空需要与时俱进更新调整，在当前环境下，民航业发展的思考不仅要从民用航空本身出发，还需积极考虑相关行业、相关部门和产业所受到的影响。

我国的航空公司主要分为国有企业、民营企业、合资企业三种类型。国有企业主要有中国国际航空、南方航空、东方航空、四川航空、山东航空等，民营企业主要有春秋航空、吉祥航空、顺丰航空、华夏航空等，合资企业主要有首都航空、天津航空、祥鹏航空等。本章内容以东方航空为例进行介绍。

组织架构

不同航空公司的组织架构不同，但有很大的相似性，后图为东方航空的组织架构。

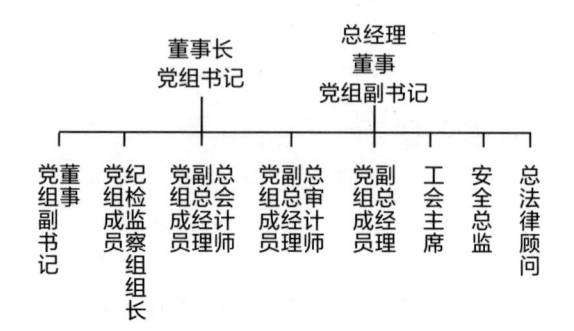

```
                    董事长              总经理
                    党组书记            董事
                                        党组副书记
    ┌──────┬──────┬──────┬──────┬──────┬──────┬──────┬──────┐
   董事    纪检    党组    党组    党组    党组    工会    安全    总法律
   党组    监察    成员    成员    成员    成员    主席    总监    顾问
   副书记  组组长  总会计  副总    总审    副总
                  师      经理    计师    经理
```

中国东方航空集团有限公司机关各部门

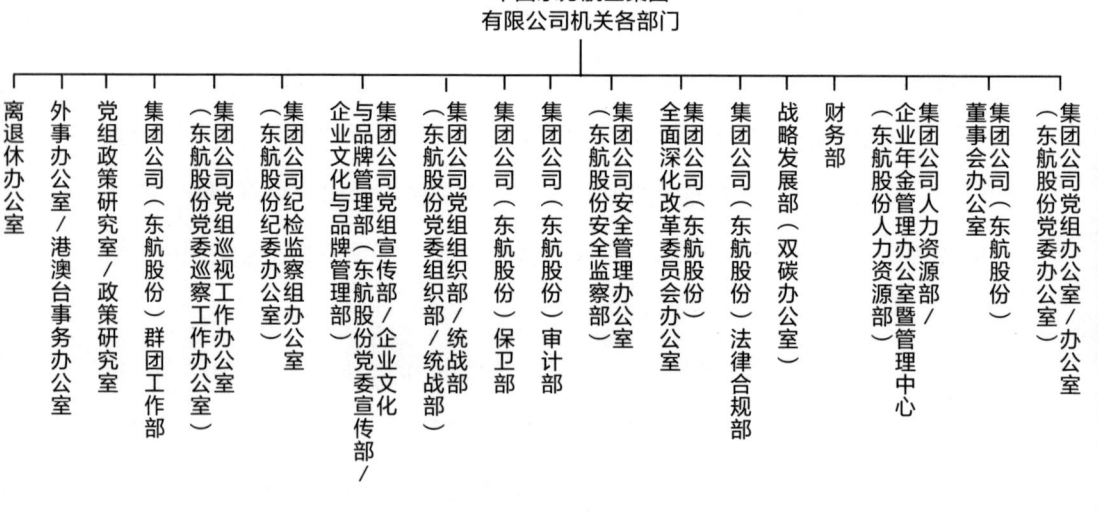

- 离退休办公室
- 外事办公室／港澳台事务办公室
- 党组政策研究室／政策研究室
- 集团公司（东航股份）群团工作部
- 集团公司党组巡视工作办公室（东航股份党委巡察工作办公室）
- 集团公司（东航股份）纪检监察组办公室
- 集团公司党组宣传部（东航股份党委宣传部）／企业文化与品牌管理部
- 集团公司党组组织部（东航股份党委组织部）／统战部
- 集团公司（东航股份）保卫部
- 集团公司（东航股份）审计部
- 集团公司（东航股份）安全管理办公室／安全监察部
- 集团公司（东航股份）全面深化改革委员会办公室
- 集团公司（东航股份）法律合规部
- 战略发展部（双碳办公室）
- 财务部
- 集团公司人力资源部／企业年金管理办公室暨管理中心（东航股份人力资源部）
- 集团公司董事会办公室
- 集团公司党组办公室／办公室（东航股份党委办公室）

中国东方航空集团有限公司下属投资公司

- 中国东方航空股份有限公司
- 东方航空食品投资有限公司
- 东方航空传媒股份有限公司
- 上海东航投资有限责任公司
- 东航金控有限责任公司
- 东航实业集团有限公司
- 东航国际融资租赁有限公司
- 东方航空产业投资有限公司

招聘相关

如果想进入民用航空公司,有这样几种方式:校园招聘、飞行学生招聘、乘务/航空安全员招聘、社会招聘、内部招聘。

民用航空公司主要招聘岗位可归纳为以下几大类:储备人才类、机务类、航务类、地面服务类、运行管理类、工程管理类、物流管理类、IT类、医学类、规划投资类、航空经营管理类、法律类、财务审计类、行政管理类、人力资源管理类、采购管理类、研发培训类、外贸业务类、实习生类、合规风控类、质量检验类、餐厨类、"燕计划"[1]类、党务宣传类、纪检监察类。

从专业角度来看,经济与贸易类、工商管理类、金融学类、外国语言文学类、数学类、计算机类、财务管理类、新闻传播学类、中国语言文学类、法学类、行政人力类、交通运输类等专业毕业生更容易进入民用航空公司。

大学生招飞流程

如果想当飞行员,可以参照下面的流程:

在线注册→网上报名→简历筛选→面试考核(机考、综合面谈)→体检→背景调查→签订培训协议。

简历筛选通过后,航空公司将以短信等方式分批次通知应聘者参加面试、体检及背景调查等相关事项。面试、体检、背景调查等合格后,与公司签订《飞行学生培训协议》,并安排至相关院校进行飞行技术专业培训。

---

[1] 东方航空"燕、翼、翔、鹰"优秀人才培养体系中的重要组成部分,为东方航空打造世界一流企业搭建了人才培养平台。

乘务/航空安全员招聘流程

如果想当乘务员、航空安全员,可以参照下面的流程:

网上报名→应聘岗位→简历筛选→初试→复试→体检→背景调查→培训→带飞→签订合同/实习协议。

需要注意的是,乘务员岗位对应聘者的气质形象有一定的要求。

招聘要求

民用航空的岗位往往有一些特殊的要求,下文总结了东方航空几类岗位的招聘要求,仅供参考。

大学生招飞类:男性;本科生年龄不超过24周岁,硕士研究生年龄不超过25周岁;英语六级不低于425分或雅思不低于5.5分;身高173—190厘米,体质指数18.5—24;双眼任何一只眼睛裸眼近视不超过450度,远视不超过300度,散光不超过200度,双眼屈光参差不超过250度,无斜视、色盲、色弱等;无停飞经历。[1]

储备人才类:专业为统计学类、工商管理类、经济学类、金融学类、公共管理类等相关专业应届毕业生,大学英语六级(英语专业四级、雅思6.0分、托福80分可相当于大学英语六级),在校有班级干部经历者优先。

卓越航空工程师:理工科院校应届硕士研究生及以上学历,需求专业为航空类、交通运输类、能源动力类、机械类、自动化类、仪器类、材料类、电气类、电子信息类、力学类、通信类、计算机类等相关专业,大学英语六级。

IT技术储备人才:计算机类、数学类、统计学类等相关专业应届毕业

---

[1] 来源于中国东方航空官网。

生优先，大学英语四级（雅思 5.5 分、托福 70 分可相当于大学英语四级），有班级干部经历者优先。

薪资待遇

看着光鲜亮丽的职业，收入怎么样？航空公司内部可分为几大板块，包括飞行、客舱、机务、航务、销售、货运物流和其他保障支持、职能部门。不同公司、不同板块的收入差别不小。

中国国际航空、南方航空、东方航空三大央企的优势在于收入稳定，运营相对规范。除了飞行员，其他板块普通职员收入水平在一线城市不算高，在二线城市相对中等偏上，在三、四线城市还是可以养家糊口的。

民航公司主要的职位分为空勤人员和地面人员。空勤包括飞行员和乘务员。中国国际航空、南方航空、东方航空的飞行员工资主要按飞行小时数决定，算是比较高薪的工作。其次是乘务员。

地面人员分四个级别：跟班学习、机械员、技术员、工程师。跟班学习级别主要是刚毕业的大学生，机械员和技术员有 1—3 年工作经验，工程师有 5 年以上工作经验。除了月薪，还有各种福利待遇，主要包括六险二金、员工宿舍、免费机票、折扣机票、工会福利、健康体检、带薪年假、餐补福利。

总结

中国的民航行业经历几十年的发展,已经具备了高度专业化的特征。从飞行员、机务维修人员到空乘人员,都需要具备丰富的专业知识和技能,并且需要不断学习和更新知识。民航公司的职业发展路径除了飞行、机务维修、空乘等传统岗位,还涵盖了管理、市场营销、人力资源等更多领域。对喜欢相关工作或者有志于服务民航行业的人来说,加入民航是非常合适的选择。

第十五章 国企系列

中国烟草

导言

中国烟草每年为国家创收逾万亿元,但因行业的特殊性,它始终形同资本市场的"隐形人"。

下文将从中国烟草的行业背景、组织架构、薪资福利、招聘相关、专业及院校选择等方面展开讲解,为考生及家长提供较为全面的参考。

行业背景

1981年，国务院决定对烟草行业实行国家专营。1982年，中国烟草总公司成立。1983年，国务院颁布《烟草专卖条例》，对全国范围的烟草行业实行高度集中的统一管理，建立国家烟草专卖制度。1984年，国务院批准设立国家烟草专卖局，与中国烟草总公司一套机构、两块牌子。

国家烟草专卖局具有行政职能，属于行政事业单位，有编制，由工业和信息化部管理，是副部级单位，对烟草专卖进行全面的行政管理。中国烟草总公司是中央直属企业，统一领导、全面经营管理烟草行业的产供销、人财物、内外贸业务。对内，二者统称为国家局；对外，二者统称为国家烟草局。我们通常所说的烟草公司和烟草局指的是省、市、县三级单位。

组织架构

国家烟草专卖局、中国烟草总公司本级29个部门和专业公司，所属省级烟草专卖局（公司）33个（含大连、深圳），省级工业公司17个；地市级烟草专卖局（公司）450家；县级烟草专卖局（分公司或营销部）2393家；卷烟工厂92家，烟机企业4家，打叶复烤企业23家；在16个国家和地区投资设立境外子公司 38 家；另有直属科研单位、醋纤等生产企业。

中国烟草行业组织架构

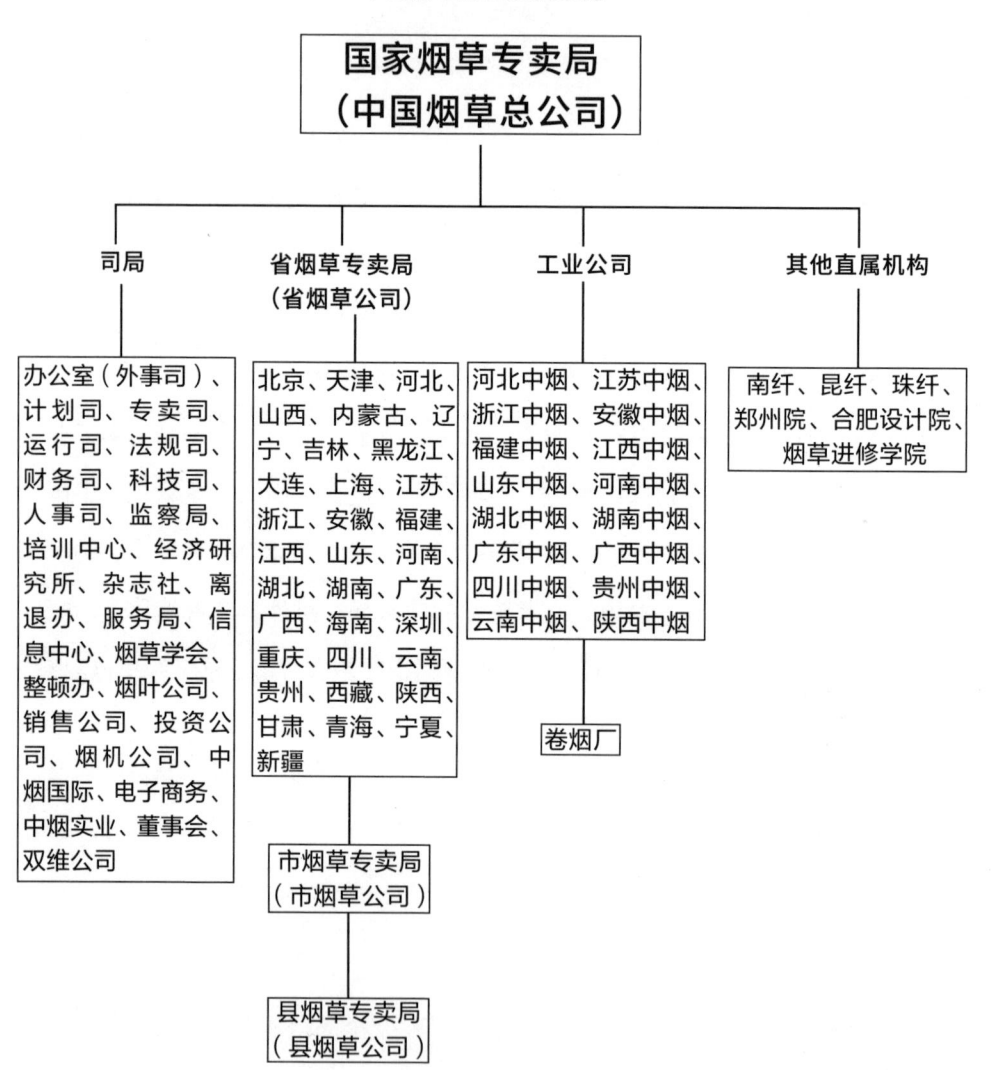

```
            国家烟草专卖局
           （中国烟草总公司）
    ┌──────────┬──────────┬──────────┐
   司局      省烟草专卖局    工业公司    其他直属机构
            （省烟草公司）
```

司局	省烟草专卖局（省烟草公司）	工业公司	其他直属机构
办公室（外事司）、计划司、专卖司、运行司、法规司、财务司、科技司、人事司、监察局、培训中心、经济研究所、杂志社、离退办、服务局、信息中心、烟草学会、整顿办、烟叶公司、销售公司、投资公司、烟机公司、中烟国际、电子商务、中烟实业、董事会、双维公司	北京、天津、河北、山西、内蒙古、辽宁、吉林、黑龙江、大连、上海、江苏、浙江、安徽、福建、江西、山东、河南、湖北、湖南、广东、广西、海南、深圳、重庆、四川、云南、贵州、西藏、陕西、甘肃、青海、宁夏、新疆	河北中烟、江苏中烟、浙江中烟、安徽中烟、福建中烟、江西中烟、山东中烟、河南中烟、湖北中烟、湖南中烟、广东中烟、广西中烟、四川中烟、贵州中烟、云南中烟、陕西中烟	南纤、昆纤、珠纤、郑州院、合肥设计院、烟草进修学院

工业公司 → 卷烟厂

省烟草专卖局（省烟草公司）→ 市烟草专卖局（市烟草公司）→ 县烟草专卖局（县烟草公司）

烟草系统主要分为三个部分：烟草专卖局、烟草总公司和中烟工业公司。工商分离后，这三个部分各司其职。

烟草专卖局属于国家监管系统，主要负责市场上各个商户的烟草买卖零售许可证的发放，以及烟草零售市场的执法和打假。

烟草总公司提供烟叶种植指导和技术支持，烟农把烟叶种植、烘烤出来后，由烟草总公司负责烟叶收购以及卷烟销售事宜。每年烟草总公司都会定期向烟叶种植户收购烟叶，然后卖给各个中烟工业公司。中烟工业公司用烟叶生产出成品卷烟，烟草总公司再以国家规定的价格，从中烟工业公司购买成品卷烟，烟草总公司将成品卷烟按照计划销售给烟草专卖局授权的零售商户，最后由零售商户将卷烟卖给消费者。

烟厂合并组成中烟工业公司，中烟工业公司属于国企，负责各类烟草、卷烟的研发、加工和生产。中烟工业公司由研发中心、原料中心、销售中心以及下属的各个卷烟厂组成，比如福建中烟下面有龙岩烟草工业有限责任公司（简称"龙烟"）和厦门烟草工业有限责任公司（简称"厦烟"）以及配套的金叶复烤、金闽再造等公司。

烟厂是中烟工业公司负责执行的模块，主要负责卷烟的生产。烟厂只可以将烟草总公司收购的烟叶加工为卷烟，然后回卖给烟草总公司，除此之外没有其他重要职能。

烟站是烟草总公司的下属部门，负责从烟农手中收购烟草，评判烟草等级，打包配送给烟厂。

从各部分的职能来看，烟草专卖局和烟草总公司的工作会稍好一些，毕竟属于拥有话语权的单位。但需要注意的是，因为二者本质上是属于国家事业单位性质，会有县级、市级、省级这样的划分，新进员工的90%都是进入基层岗位，一级一级上升。如果想进入这样的单位，专业选择建议以法学、经济、金融、工商管理等为主。

薪资福利

烟草行业员工的薪资结构为：岗位工资+绩效工资+年终奖金。除此之外，还有诸多其他福利。

·法定福利：基本岗位缴纳六险二金（公积金和企业年金），部分岗位缴纳七险二金，均是按职级标准比例缴纳，部分按当地公务员标准缴纳，甚至按最高标准执行。

·带薪休假：上五休二（双休制），除国家法定节假日，实行完整带薪年休假制度。

·提供过节费及其他各类补贴（话费、粮油、物资、取暖费等）。

·额外的医疗补助、年度职业健康体检等。

一般来说，烟草行业员工的收入与当地经济发展水平呈正相关。在商业公司和工业公司中，省级公司的收入高于市级公司，市级公司的收入高于县级公司。车间采用三班倒制度，所以一线工人的收入要高于同级别的办公室人员。

综上所述，收入高低受经济发展水平、公司级别、实际岗位等多方面因素的影响。

中国烟草总公司工资总额情况[1]

年份	应发工资总额（万元）		在岗职工	
		期末应付未付金额（万元）	年平均人数（人）	年平均工资（万元）
2019	9640073	301015	516216	18.67
2020	10107617	720882	513767	19.67

备注：
· 应发工资总额是指企业在报告期内应支付给本企业在岗职工的劳动报酬总额，包括工资、奖金、津贴、补贴、加班加点工资、特殊情况下支付的工资等。
· 在岗职工是指与企业建立劳动关系的全部职工，包括内退职工。
· 在岗职工年平均人数为报告期内12个月平均的在岗职工人数。
· 在岗职工年平均工资为报告期内应发工资总额与在岗职工年平均人数之比。

招聘相关

岗位设置

1. 烟草科研与技术开发岗位

主要从事烟草科学的基础研究、应用研究和技术创新，涉及烟草遗传育种、栽培、调制、分级、加工、品质分析等方面。一般要求具有硕士研究生或博士研究生学历，有较强的科研能力和创新精神，对烟草行业有深入的了解和热情。例如，烟草栽培与加工、化学、大数据等。

2. 烟草生产与加工岗位

主要从事烟叶的种植、收购、储存、运输、加工等环节，涉及农业技术、

---

[1] 来源于中华人民共和国财政部及国家烟草专卖局官网。

机械设备、物流管理等方面。一般要求具有本科或硕士研究生学历，有较强的实践能力和管理能力，对烟叶生产和加工工艺有一定的掌握和经验。例如，机械工程、物流管理、能源经济等。

3. 烟草经营与市场营销岗位

主要从事卷烟的销售、推广、品牌建设等环节，涉及市场分析、客户关系、广告策划等方面。一般要求具有本科或硕士研究生学历，有较强的沟通能力和市场意识，对卷烟产品和消费者需求有一定的了解和洞察。例如，企业管理、市场营销、新闻传播学等。

4. 烟草行政与法律岗位

主要从事烟草行业的政策制定、监督执行、法律咨询等环节，涉及法律法规、政府关系、风险控制等方面。一般要求具有硕士研究生或博士研究生学历，有较强的政治素质和法律素养，对烟草行业的发展规律和社会责任有清晰的认识和把握。例如，法学、公共管理、政治学等。

烟草专卖局大体分为专卖、营销、配送、后勤几个部门，岗位设置包括专卖稽查员、客户经理、软件管理员、纪检监察科科长、信息技术员、文秘、党建、烤烟生产技术员、中转站站长、办公室主任、综合管理员、司机等。招聘专业以法学、财务、审计、会计、中文、文秘、计算机、管理学、市场营销、金融、农学等为主，此外，新闻传播学、教育学、公共管理、行政管理、物流管理这些非技术类岗位招聘需求也很大。

中烟工业公司的岗位包括市场营销、数据分析、工艺研究、烟叶基地技术、质检、法务、机电等，多招收设备管理、技术操作、质检、物流管理等偏理科类的专业。

以浙江中烟工业有限责任公司为例，其下设有杭州和宁波两个卷烟厂，厂区所在城市都很不错，但招收的烟草专业岗位很少，只占当年总计划的1/8左右，且近半岗位要求硕士研究生学历。同时，这些岗位不仅限于烟草专业，农学类中的作物学专业以及食品科学与工程专业也在其招聘专业范围内，而其他岗位招聘主要集中在电气、机械、计算机、电子、自动化等工科专业，再辅以少量的财会、法学、营销、管理类等专业。

招聘方式

1. 校园招聘（应届毕业生）

中国烟草行业的校园招聘公告一般在官网发布，各地、各单位每年发布的时间并不统一，多集中于每年的3、4月和10、11月。

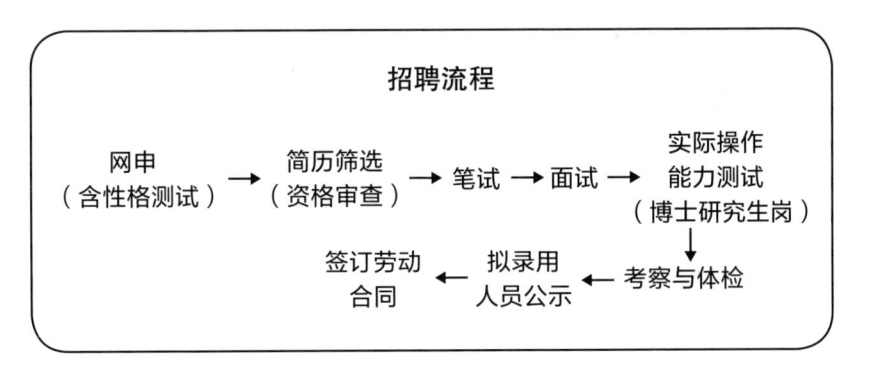

招聘流程

网申（含性格测试）→ 简历筛选（资格审查）→ 笔试 → 面试 → 实际操作能力测试（博士研究生岗）→ 考察与体检 ← 拟录用人员公示 ← 签订劳动合同

（1）初审筛选

根据报名情况，公司会按照专业适配度、学校排名、学习成绩等标准综合审核，根据岗位要求和应聘者报考信息的匹配程度择优通过，才能进入下一步。因此填写简历的时候要细心严谨，重要信息千万不能出现错、漏、改、增字的情况，确保材料真实、准确，同时有针对性地突出自己的优势和长处，这样可以提高通过网申的概率。

（2）笔试

烟草公司会采用先笔试后面试的方式筛选人才，笔试一般采用机考方式。笔试、面试满分均为100分，考试总成绩＝笔试成绩×40%＋面试成绩×60%。

笔试内容包括烟草公司基础知识、公共科目、专业科目。

烟草公司基础知识包括《中华人民共和国烟草专卖法》《中华人民共和国烟草专卖法实施条例》《烟草专卖行政处罚程序规定》《烟草专卖许可证管理办法》等；公共科目包括公共基础知识、行测、申论、综合能力测试等；专业科目包括电气、法律、经济、文学、市场营销、物流、计算机、财会、英语、机械、管理、人力资源等。

一般来说，以行测为主，申论为辅，考试会涉及一些烟草知识，部分地区或部分岗位会考专业知识。

相比于同类型的公务员和事业单位考试，烟草公司的笔试难度稍低，但备考周期较为紧凑。因此准备公务员考试的同学也可以关注一下烟草公司，为自己的未来增加一个选项。

根据招聘岗位要求，择优确定笔试人选，各岗位进入笔试人数与录用计划数比例不超过15∶1。

符合笔试条件的应聘人员达不到3∶1的开考比例，相应调减该岗位的招聘人数直至取消该岗位招聘计划。

当某岗位招聘计划人数高于笔试实际考试人数3倍时，视情况调减或者取消该岗位的招聘计划。笔试成绩以短信或电子邮件形式通知应聘人员。

（3）面试

· 进入面试的应聘人员需在报名网站上确认参加面试，未按时确认视为自动放弃。依据笔试成绩，按照岗位招聘人数1:3的比例从高分到低分确定面试人选，入围面试人员最低笔试分数如出现同分者，均进入面试。参加面试人员达不到1:3的比例，在报考同一岗位的笔试人员中按照笔试成绩从高到低依次递补面试人选，当最后一名出现同分者时，同时列入面试名单。当最后一名递补后仍然达不到1:3的比例时，相应调减该岗位的招聘人数直至取消该岗位招聘计划。

· 进入面试的应聘人员在面试前应按要求携带相关资料参加现场资格复审，详细要求在报名网站另行通知。未在规定时间内参加资格复审的，视为自动放弃。复审不合格者不能参加面试。

· 面试采用半结构化、结构化、群面等形式，增加网络性格测试环节，能够帮助公司深入了解应聘者，查看其与岗位的匹配度。面试满分为100分，低于60分者不予录用。

· 面试结束后，按照岗位招聘人数1:1的比例以考试总成绩高分到低分的顺序确定入围体检人员，如最后一名总成绩并列，则依次以面试成绩、学历层次从高到低的顺序作为入围标准。

· 面试有关事项以电子邮件、短信或电话方式通知参加面试人员。面试成绩以短信或电子邮件形式通知应聘人员。

（4）考察、体检

根据笔试成绩和面试成绩按照一定比例计算得到的综合成绩，确定考察、体检人员的名单。政审考察，对应聘人员的报考信息、道德品质、在校表现、心理健康、是否存在劳动关系，以及是否需要回避等情况进行考察，并对应聘人员资格条件进行复核。流程同公务员和事业编的差不多，只要自己和直系亲属或对本人有重大影响的旁系亲属没有政治问题，就没有问题。

体检参照《公务员录用体检通用标准（试行）》《公务员录用体检特殊标准（试行）》等规定执行。若招聘单位或应聘人员对体检结果有疑问，可按照规定进行一次复查，体检结果以复查结论为准。

报考专卖稽查员职位的人员，要求无色盲、色弱、斜视、内斜视等情况；报考烟叶技术员、工艺配方、烟叶分选检验职位的人员，要求无色盲、色弱等情况。

生产操作岗位按照公务员录用体检相关标准和职业健康体检相关标准执行，其余岗位按照公务员录用体检相关标准执行。凡不按规定体检、体检中作弊、体检不合格或本人自愿放弃等出现的缺额，可在报考同一岗位人员中以考试总成绩依次递补。

（5）拟录用公示

根据应聘人员的考试成绩、考察情况和体检结果，在中国烟草人才招聘平台和公司网站上进行公示：姓名、学历、专业、拟录用职位等信息，择优确定拟录用人员。同时设有监督电话，公示期为5个工作日，公示期满无异议，进入下一个环节；公示期内对结果有异议，可向有关部门反映，将有专人核实，若如实，则取消拟录用。

（6）录用

经过前面的步骤后，按照规定和条件办理录用手续，签订就业协议及劳动合同。

公示结果不影响录用的，按规定办理录用手续，薪酬待遇按照公司及所属单位的相关制度规定执行。

（7）渠道

国家烟草专卖局官网[1]公布的招聘信息。

应届生求职网、智联招聘等大型网站，会转载招聘信息，一些名校的就业网站有烟草行业招聘的校园宣讲。

2. 社会招聘（往届毕业生）

社会招聘基本都要求有工作经验、一定的工作技能，比较考验专业性。

专业及院校选择

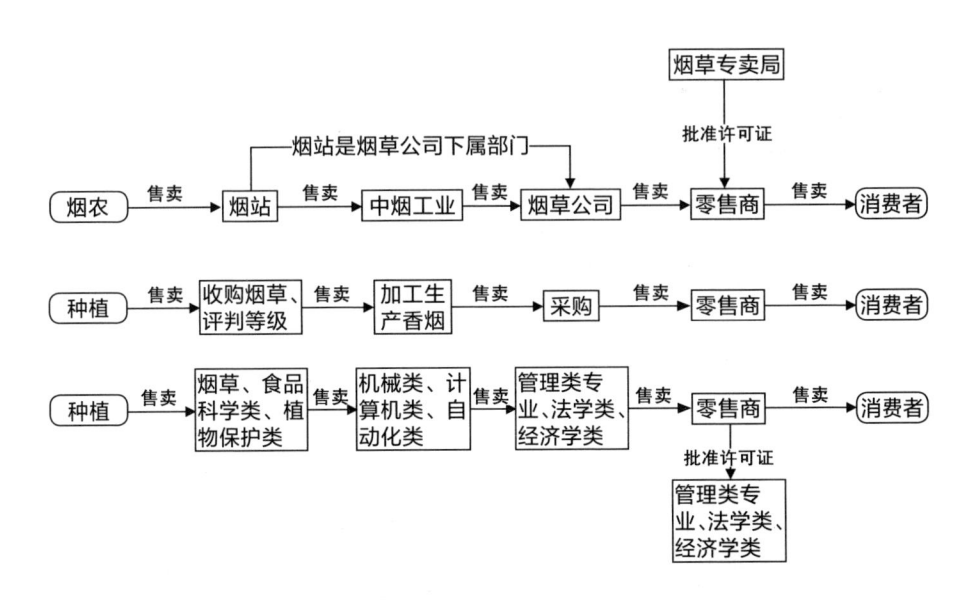

烟农 —售卖→ 烟站 —售卖→ 中烟工业 —售卖→ 烟草公司 —售卖→ 零售商 —售卖→ 消费者

（烟站是烟草公司下属部门；烟草专卖局批准许可证）

种植 —售卖→ 收购烟草、评判等级 —售卖→ 加工生产香烟 —售卖→ 采购 —售卖→ 零售商 —售卖→ 消费者

种植 —售卖→ 烟草、食品科学类、植物保护类 —售卖→ 机械类、计算机类、自动化类 —售卖→ 管理类专业、法学类、经济学类 —售卖→ 零售商 —售卖→ 消费者

（批准许可证：管理类专业、法学类、经济学类）

---

[1] http://www.tobacco.gov.cn/gjyc/zpxx/list.shtml

烟草专卖局通常招聘管理类(物流管理、市场营销、工商管理、工程管理、行政管理)、法学、马克思主义理论、财经类（审计学、金融学、会计、财务管理）、统计学等专业的学生，对口工作岗位为客户经理、市场监管员，也有一小部分文秘类的岗位，专业要求是汉语言文学或新闻学。

卷烟厂招聘的学历门槛是本科及以上，多为生产操作类岗位，专业多为机械设计制造及其自动化、自动化、电气工程及其自动化、计算机科学与技术、软件工程、电子信息科学与技术、网络空间安全、机械工程、机械电子工程、测控技术与仪器、信息管理与信息系统、数据科学与大数据技术、新能源科学与工程、环境工程、物联网工程、过程装备与控制工程、信息安全等。

烟站通常招聘烟草专业学生，招聘人数比较少，竞争压力比较大，对学历要求会更高，建议"985""211"大学毕业生或者拥有硕士研究生、博士研究生及以上学历者应聘。招聘的专业为烟草专业、微生物学、有机化学、药物化学、分析化学、生物技术、香料技术、食品科学与工程、生物化学等。

烟草相关专业

烟草本科专业从广义上来说，包括3个相关专业，分别为烟草、食品科学与工程、香料香精技术与工程。

这3个专业在应用方面有交叉，但总体来讲，烟草专业侧重源头烟叶的生产品控，食品科学与工程专业侧重中端的加工工艺，香料香精技术与工程专业侧重终端产品的品质提升。

目前国内大学开设烟草相关本科专业不是很多，基本上都放在农业大学。

其他专业选择

经济管理、政治经济学、金融、法律、马克思主义理论、汉语言文学、日语、新闻学/传播学、统计学/应用数学、安全工程、结构工程、农学、保密管理、管理科学与工程、会计学、财务管理、人力资源管理、企业管理、公共管理、档案学、采购管理等。

除了专业要求以外，报考法律相关岗位需要通过国家司法考试，部分金融相关专业要求通过英语八级，还有不少要求必须为中共党员。

院校推荐

烟草专业培养从事烟草科学研究、技术开发与推广、烟草加工及市场营销、企业管理等方面的高级复合型烟草科技人才。烟草专业在本科专业目录中属于农学专业，录取分数不高，适合对农学感兴趣的学生报考。

烟草专业修业年限四年，授予农学学士学位，主干学科为烟草化学、烟草机械学、烟草艺术设计、烟草育种学、烟草栽培学、烟叶调制、烟叶分级、烟草病理、烟草昆虫、烟叶品质分析、烟草商品学等。

目前国内开设烟草专业的高校有以下几所。

1. 云南农业大学

云南农业大学是国家首批卓越农林人才教育培养计划和卓越工程师教育培养计划改革试点高校，全国第二批深化创新创业教育改革示范高校，云南省省属重点大学。该校的烟草学院是全国较早开展烟草教学以及科研的单位之一，学校的留法博士"云烟奠基人"徐天骝教授就开设了烟草栽培学的课程，从事烟草引种等方面的研究。

烟草专业是云南农业大学作物学、作物遗传育种、作物栽培学与耕作学3个省级重点学科和作物学一级学科下的国家级一流专业，云南省重点专业、特色专业和专业改革试点专业，学生毕业后主要在全国各地烟厂、烟草公司、烟草科研机构及烟草相关企事业单位从事生产、科研及技术开发等相关工作。

2. 河南农业大学

1975年，河南农业大学在全国率先开办烟草本科专业，开创中国烟草高等教育之先河。2008年学校院系调整，成立烟草学院。2009年国家烟草专卖局（中国烟草总公司）与河南农业大学签订战略合作框架协议，共建烟草学院。

烟草学院现设有烟草、食品科学与工程（烟草工程）、香料香精技术与工程3个本科专业；建有烟草学、烟草科学与工程、农艺与种业（烟草方向）、生物与医药（烟草工程方向）4个烟草类硕士点，1个烟草学博士点；拥有学士、硕士、博士和博士后完整的高等教育人才培养体系。其中，烟草专业入选国家级一流本科专业建设点，被评为国家级特色专业、河南省一流专业；烟草工程硕士点被评为"河南省特色品牌硕士专业学位授权点"。

3. 山东农业大学

山东农业大学是农业农村部与山东省人民政府共建高校，是国家林业和草原局与山东省人民政府共建高校，是教育部、农业农村部、国家林业和草原局首批卓越农林人才教育培养计划改革试点高校。

山东农业大学植物保护学院设有植物病理学系、昆虫学系、农药学系、烟草学系、森林保护学系和菌物学系6个系；现有植物保护（含植物检疫方向、公费农科生、齐鲁学堂）、制药工程、烟草、森林保护、应用生物科学5个本科专业；设有植物保护一级学科硕士授权点（含植物病理学、昆虫学、农药学、林草有害生物防控、烟草学5个研究方向）。

4. 湖南农业大学

湖南农业大学是农业农村部与湖南省人民政府共建大学、全国文明校园、湖南省国内一流大学建设高校（A类）。"杂交水稻之父"袁隆平院士曾担任该校名誉校长。学校拥有烟草学硕士、博士等完善的高等教育培养体系，烟草专业为省级一流建设点，设有中国烟草中南农业试验站，与当地烟草企业有紧密的合作关系。

5. 青岛农业大学

青岛农业大学是"山东特色名校工程"立项建设单位，是山东省一流学科立项建设单位。

青岛农业大学农学院设有农学、植物科学与技术、种子科学与工程、烟草、智慧农业5个本科专业。其中，农学专业为国家级一流本科专业建设点、山东省特色专业、山东省首批应用型人才培养特色名校建设重点建设专业、青岛市重点专业；种子科学与工程专业为山东省一流本科专业建设点；烟草专业为校级特色专业。

6. 安徽农业大学

安徽农业大学是国家林业和草原局合作共建高校，是全国首批建设"新农村发展研究院"的十所高校之一，是"中西部高校基础能力建设工程"

项目高校，是安徽省"地方特色高水平"大学建设高校。

学校的农学院开设了烟草相关专业，主要包括农学、种子科学与工程、烟草、草业科学等。

7. 郑州轻工业大学

郑州轻工业大学是河南省人民政府和国家烟草专卖局共建高校、河南省特色骨干大学建设高校、河南省国际化特色试点高校。1984年，该校设立烟草工程专业并面向全国招生。2010年设立烟草科学与工程学院，和食品与生物工程学院合署办公。

烟草科学与工程学院设有食品科学与工程烟草方向二级博士点；建有烟草科学与工程、轻工技术与工程2个学术型硕士学位点，食品工程、生物技术与工程2个专业硕士学位点；现有食品科学与工程（烟草科学与工程方向）和烟草2个本科专业。其中，食品科学与工程（烟草科学与工程方向）是教育部"卓越工程师教育培养计划"试点专业（2012）、国家级特色专业建设点，拥有国家级精品课程1门、省级课程3门。

8. 四川农业大学

四川农业大学是一所以生物科技为特色，农业科技为优势，多学科协调发展的国家"211工程"重点建设大学和国家"双一流"建设高校，也是教育部本科教学工作水平评估优秀高校。

该校烟草学硕士点是依托于深厚的作物学科基础上设立的二级学科，主要研究方向是烟草生产与加工、烟草遗传育种。

9. 贵州大学

贵州大学是国家"双一流"建设高校及"211工程"重点建设高校。贵州大学烟草学院是由国家烟草专卖局（中国烟草总公司）、贵州省烟草专卖局（中国烟草总公司贵州省公司）共同捐资1.7亿元和贵州大学共建的特色产业学院，成立于2014年12月。烟草学院源自农学院烟草学科，办学历史悠久，是我国最早进行烟草专业人才培养和科学研究的主要单位之一。

10. 武汉工程大学

武汉工程大学是一所理工类高校，具有悠久的历史和良好的教学传统。该校的烟草相关专业设置于环境生态与生物工程学院，在烟草工程、烟草种植、烟草加工等领域有着较为突出的专业实力，拥有一批高水平的教学和研究团队。

该校与湖北省烟草科学研究院合作完成的"防治烟草黑胫病、赤星病的植物源杀菌剂的研发与应用"科技成果达到国际先进水平。

11. 福建农林大学

福建农林大学是一所农林类高校，在烟草行业有着较高的知名度和影响力。该校的烟草相关专业设置于农学院下，农学院的前身作物科学学院创建于1936年，与福建农林大学同龄，是全校办学历史最长的学院、办学实力最为雄厚的学院之一。

福建农林大学同福建农林大学烟草研究所及福建烟草专卖局有着较为紧密的合作关系，为学生提供了更多的实践机会和就业资源。

12. 西昌学院

西昌学院位于四川省凉山彝族自治州西昌市，是经教育部批准成立的全日制普通本科学校，是四川省、教育部、国家民族事务委员会共建高校。

西昌学院烟草专业作为四川省唯一一个在烟草领域有着30多年办学历史和经验的专业，在"产、学、研"方面长期与烟草行业保持密切合作，积累了丰富的办学经验，打造出一支具有丰富实践经验的教学团队。培养从事烟草科学研究、技术开发与推广、烟草加工及市场营销、企业管理等方面的高级复合型人才，以及拥有扎实的理论基础、实践操作技能突出、了解行业发展趋势、具有较强的创新意识和信息获取处理能力的优秀人才。

总结

如今的就业市场竞争激烈，找到就业机会和稳定工作变得困难重重。这导致许多毕业生开始倾向于那些薪资待遇优越且工作相对稳定的行业。

烟草稳定，让人心安。中国烟草作为一种就业选择，具有一定的吸引力。

首先，中国烟草在吃、穿、住、行等方面都有补贴，提供相对较高的薪资待遇，福利待遇相比过去确实有所下降，但整体还是不错的。

其次，烟草行业具有相对稳定的就业环境，可以提供长期的职业发展机会，作为国企正式员工，相对稳定。因此，许多毕业生将中国烟草视为追求稳定就业的有利选择。收入有了兜底，在工作的同时也能好好享受生活。

当然，一份工作是否适合自己，才是我们进行选择判断时的重要标杆。

© 中南博集天卷文化传媒有限公司。本书版权受法律保护。未经权利人许可，任何人不得以任何方式使用本书包括正文、插图、封面、版式等任何部分内容，违者将受到法律制裁。

图书在版编目（CIP）数据

手把手教你稳就业 / 张雪峰·峰阅教研团队编著. -- 长沙：湖南文艺出版社，2024.4（2024.5重印）
ISBN 978-7-5726-1724-9

Ⅰ.①手… Ⅱ.①张… Ⅲ.①职业选择 Ⅳ.①C913.2

中国国家版本馆CIP数据核字（2024）第071074号

上架建议：教育·高考

SHOUBASHOU JIAO NI WEN JIUYE
手把手教你稳就业

编　　著：	张雪峰·峰阅教研团队
出 版 人：	陈新文
责任编辑：	张子霏
监　　制：	张微微
策划编辑：	阿　梨
特约编辑：	张晓虹
营销编辑：	胖　丁
封面设计：	苏　艾
版式设计：	飞鱼时光
出　　版：	湖南文艺出版社
	（长沙市雨花区东二环一段508号　邮编：410014）
网　　址：	www.hnwy.net
印　　刷：	北京柏力行彩印有限公司
经　　销：	新华书店
开　　本：	700 mm × 980 mm　1/16
字　　数：	248千字
印　　张：	19.5
版　　次：	2024年4月第1版
印　　次：	2024年5月第2次印刷
书　　号：	ISBN 978-7-5726-1724-9
定　　价：	68.00元

若有质量问题，请致电质量监督电话：010-59096394
团购电话：010-59320018